京味物語

野地秩嘉

光文社

京味物語

写真　牧田健太郎
ブックデザイン　鈴木成一デザイン室

まえがき――暑い日に生まれた人

二〇一九年七月。京味の西さんが亡くなって三日目のことだ。

ご自宅にうかがうため、地下鉄に乗り、東京メトロの広尾駅で下りた。

地上に出たら陽の光がまぶしかった。気温は三十五度だけれど、体感温度はもっと暑かった。黒いスーツを着ていたわたしは上着を脱いで、黒のネクタイも外した。それでも、歩き始めてすぐに背中まで汗びっしょりになった。汗みどろで弔問に行っていいものなのかどうか。礼儀正しい感じはしないと思った。

そして、足を止めて考えた。

「西さん、生まれたのは八月八日だった。その日もまた暑かったんだろう」

西健一郎は暑い日に生まれて、暑い日に亡くなった。

住まいはマンションだった。入り口の横にある部屋の奥には棺が据えてあった。奥さんの弘子さん、娘さんの真紀子さん、麻里子さんは静かにわたしを棺の前へ連れていってくれた。

三人とも放心したような様子だったのは、涙が出尽くしたのだろう。

京味は家族が一緒に働く店だった。一家は朝から晩まで同じところで働き、客を迎え、同じまかないを食べていた。彼女たちにとって彼は父親であり、仕事の主人でもあった。誰よりも頼りになる存在が突然、いなくなってしまい、彼女たちは何をしていいかわからない様子だった。

麻里子さんは膝をついて、棺のなかの西健一郎に話しかけた。

「お父さん、お父さんが好きな野地さんが来てくださったよ」

それだけ言って、麻里子さんは涙を流し、立ち上がってその場を離れていった。

棺のなかの顔を見るのは怖かったけれど、手を合わせて、おそるおそる覗き込む。すると、彼の顔は記憶にある西健一郎ではなかった。老人ではなく、少年に戻ったような透明な肌になっていて、顔は人形のようだった。せつない気分になり、涙があふれてきたその時だ。彼の命がもうそこになかったことに気づいたからだ。

数分間という長い間、何も考えずに手を合わせ、立ち上がった時、少し前に話したことが頭に浮かんできた。

亡くなる二か月前に京味で食事をしたのだけれど、その時、まったく元気だった。四月に手術を受け、五月には復帰し、九十まで頑張ると言っていたのに、どうして亡くなったのか。妙なことだ……。

二か月前、彼は包丁を持ち、カウンター越しに話しかけてきた。

「もうすぐ鱧《はも》が出てきます。この頃はうちの鱧を食べて『骨が歯に当たらない。おかしい。骨切りした鱧なら小骨が残っているはずなのに……。ご主人、これは本物の鱧ですか』などとおっしゃる人がいるのですが、骨が歯に当たらんのは当たり前です。うちの鱧はちゃんと本当の骨切りがしてありますから」

西さんらしいなあと思った。確かに、小骨が残った鱧の落としを「これが鱧だ」と勘違いしている人が少なくない。しかし、京味で食べる鱧は骨があることをまったく感じない。骨切りをした鱧とはそういうものだ。

鱧の骨切りだけでなく、会うたびに彼が話すのは次の三つだ。

「季節の素材が料理を教えてくれる」

「おいしいもんと珍しいもんは違う」

「死ぬまで勉強」

ただ、その日に限っては、他にもいくつか料理の話をしてくれた。

献立は材料を見て決めること。材料を見ながら、食べるお客さんの顔を思い浮かべること。お客さんが女性で高齢だったら、刺身の切り身の大きさまで考えることにしていること……。材料を見て、手に取った時に彼の頭には料理の完成図がある。調理のスキルは体が覚えているから、頭のなかには工程や数値は入っていない。

だから、レシピについては話のなかには出てこない。

何でも作ってあげるわ

五月の京味でのこと。

食事が終わり、デザートが出た頃、彼は厨房から出てきて、カウンターに座っているわたしの横に立った。一冊の本を携えていた。

父親、西音松さんの料理本『味で勝負や　美味い昔の京料理』（鎌倉書房）である。ぺらぺらめくって見ていたら、彼が言った。

「先生（わたしのこと）、食べたいものあるの？　本のなかの、どれでもリクエストで作りますわ」

えっ、ほんと。今日は西さん、機嫌がいいんだな、今のうちに約束しておかなきゃ。

あっ、これがいい。これ食べたいなあ。

「これはどうですか？　この鱧の料理を作っていただけたら……」

あるページを広げたら、彼は「どれどれ」と覗き込んできた。

「鱧の海老《えび》月羹《げっかん》ですか？　鱧の海老月羹もおいしい料理ですけれど、今の人の口には合わんと思います。鱧が好きですか？」

「好きも何も。東京生まれだから、あまり食べたことないんです。京味で年に一度か二度、食べるだけです」

彼は笑う。

「先生、うちで鱧を食べたら京都へ行かんでいい。今度、鱧の料理を何か作ります」


もうひとつの話は長年、問いかけていた質問に対する答えだった。

秋元康さんに初めて京味に連れていってもらってから、聞きたいことがあった。

ただ、最初の頃は緊張していたし、恐れ多くて、「どうやったら料理の腕は上がるんですか？」なんて基本的で単純な質問はできなかったのである。

そのうち、カウンター越しに会話が成立するようになった。

たまに彼と波長の合わない客がカウンターに座っている場合がある。

そうすると、誰にでも気やすく話をすることが苦手な彼はわたしが座っているいちばん奥の端っこの席にやってくる。その席が好きなのではなく、彼が「そこに座れ」と指定するからだ。

それから、前までやってきて、料理についての話をする。

「季節の素材が料理を教えてくれる」から始まって、筍、鱧、松茸、松葉蟹といった素材の見方、よしあしや食べ方を教えてくれるようになった。

料理人ではなかったけれど、彼の話は料理本に載っているようなレシピではなかった。材料の話、食べ物についての思い出だった。

たとえば……。

「筍、昔は掘らずに、見つけたところに木の葉を盛り上げて、焼いて食べた。今はもう山が荒れるし、山火事の心配があるからできんけど、見つけた場所でそのまま焼いて食べるのがいちばんおいしい」

「味つけは?」

「そんなもん、醬油持っていって、上からかけるだけ」

最後に店に行った日、デザートも終わって、お茶を飲んでいた時のことだ。

わたしは訊ねた。彼は父親の本をわざわざ見せてくれたりして、ほんとに上機嫌だったからだ。

「西さん、いい料理人になるには何をすればいいんですか?」

とたんにものすごく機嫌が悪くなった。

「いい料理人になるには？　勉強することの他に何かあるんですか？　食べ歩きしたら、料理が上手になるんですか？」

言い過ぎたと思ったのか、照れた顔になった彼は「先生、教えてあげるわ」と呟《つぶや》いた。

「いい料理人になるにはね……」


それが五月の終わりだった。

それが二か月後には亡くなってしまうのだから……。

棺の前で思ったのだけれど、西さん、暑い日に生まれたから、きっと素材のなかでは鱧がいちばん好きだったんじゃないか。鱧は暑くなってからおいしくなるものだし、京都の味だから。

西さんは暑い日に生まれた。だから、暑い日に食べるものが好きだった。そうして暑い日に亡くなった。

京味物語＊目次

第二章 高度成長の夏――修業時代

第三章　初秋――東京の味

第七章　京味のいちばん長い日――新年のおせち作り

プロローグ

――西健一郎の天才

西健一郎の店、京味

東京、新橋の路地にあった京味。

「日本料理の最高峰」

そう考えていたのはわたしだけではない。名だたる食通は誰もがうなずくだろう。京味の店内には常連の名前を記した赤い提灯が下げてあった。いずれも食事に関して一家言を持ち、マナーもよく、外食ジャーナリズムを仕事としていない人たちだった。本当の食通で、かつ、主人の西健一郎が「この人なら」と認めた人でもある。京味が日本料理の最高峰だったのは、来ていた人たちの力が大きい。

主人、西健一郎はミシュランのグルメガイドへの掲載をあっさりと断り、メディアへ出ることを控えた。若い頃は別として、料理番組には出ていない。料理の本も数冊はあるけれど、自分から進んで「本を作りたい」とは言わなかった。

京味と比較できる日本料理店があったとすれば、それは湯木貞一が存命だった頃の「吉兆」高麗橋店くらいだろう。実際、湯木は京味に来て、「うちの店をやってみるか」と聞いたこともあった。

京味には国内に限らず、世界各国から客がやってきた。皇族、裏千家家元を始めとする国内の有名人、文化人が食事をしに来た。外国人でもジョン・レノンを筆頭に著名な人たちがやってきた。

しかし、西の態度は変わらなかった。ジョン・レノンの場合は西が本人を知らなかったから、部下に「あのメガネのきたない格好の外国人はなんだ?」と訊ね、次いで、「食べ方がきれいだな。そうでなかったら、追い出してる」と言い放った。

西は誉められたからといって簡単に喜ぶ男ではなかった。他人の評価にはつねに恬淡《てんたん》としていた。

「そうですか」ときわめて素っ気ない。こう続けるだけだった。

「みなさんの口に合う料理かどうか知りませんけど、でも、また来てくださると、それはとってもありがたいですわ」

京味がなくなった今、かつての味を思い出そうとするのならば、独立した弟子たちの店へ行くほかはない。そこへ行けば西が鍛えた弟子たちが京味の料理を再現している。弟子たちの店はいずれも評判がよく、予約が取りにくい人気店になっている。

わたしは麻布十番にあった「京津田」(今はない)、「笹田」「井雪」「くろぎ」「星野」「味ひろ」「味享《みたか》」「御成門はる」と食べに行った。弟子の店は京味の料理のすべてを受け継いでいるわけではない。けれど、西の味の香りを感じることはできる。

西が亡くなった直後、井雪で食事をしたことがある。それまでにも井雪では何度となく食事をしたけれど、京味で出していたものをそのまま出すことはしていなかった。主人の上田真寛には彼なりの考えがあったのだろう。

京味の代表的な料理、芽芋の吉野煮や、うすい豆煮などが出てくることはあっても、違うものに仕立てていた。いずれも上田の料理だったのである。ところが、その日、出てきた雲丹《うに》を載せた賀茂茄子の田楽は西健一郎が作っていたものとまったく同じ味で、しかも、わたしには京味よりもおいしく感じた。雲丹、茄子、味つけの味噌のバランスが絶妙だった。弟子が師匠を抜いた瞬間にでくわした。

ああ、そうなんだと思った。優秀な弟子は師匠の味をそのまま作ることはできる。しかし、師匠が作っているものとまったく同じにはしないのだ。もしくは自分の店では出さない。師匠が亡くなって初めて、師匠の味をそのまま受け継ぐ。

企業でも創業者の親がいる二代目は「物足りない」「父親には及ばない」と言われる。しかし、それは仕方のないことだ。では、どうすればいいのか。井雪の上田がやったことを頭に置いて考えると、次のようになる。親が生きている間はなるべく違うことをやる。親が完全に引退する、もしくは亡くなったら、二代目は親がやっていたことをそのままやれるし、それ以上のこともできる。井雪で雲丹茄子を食べて、とても勉強になった。

さて、今や日本料理の世界では京味の出身者がメインストリームに躍り出ている。わずかな期間しか修業していなくとも、「京味にいた」と噂が広まれば、すぐに満席になってしまう。

彼らを育てた西健一郎がつねづね語っていたことは三つ。

「季節の素材が料理を教えてくれる」

「おいしいもんと珍しいもんは違う」

「死ぬまで勉強」

筍、山菜、鮎、鱧、松茸、栗、松葉蟹などの食材は季節の味だ。価格の高い「走り」よりも、西は「盛り」の素材を使う。目の前の材料を見て、考えて、料理をする。

キャビア、フォアグラ、トリュフを使うことはない。だが、鯛《たい》の子、魚の星（鰺の心臓）、松露は使う。

前者は高級な珍しいものだ。一方、後者は料理をするのに手間がかかるけれど、ちゃんと仕込みをすればおいしく食べられる素材だ。

二十数年間、わたしは西健一郎の料理を食べてきた。西の料理は「京料理」の範疇《はんちゅう》に入る。だが、出てくる料理は京都の素材を使って彼が独創したもの、そして、西の父親、音松の料理だ。

高級日本料理店で出しているのは高級素材だ。だが、西の料理は誰もが買うことのできる普通の値段の素材を知識と技術でおいしくしたものだ。誰だって、京味の料理を食べれば感動しただろう。

三つのエピソード

わたし自身は料理よりも、西健一郎の人柄に触れて感動したことの方が多かった。

ひとつ目は市川海老蔵丈の夫人、小林麻央さんが亡くなった翌日のことだった。代官山にある実家で密葬が営まれたのだが、西健一郎は杖を突き、タクシーに乗ってやってきた。手を合わせてお別れをした後、「早いなあ、早い」と呟いた。そして、「みなさんでどうぞ」と塗りの重箱に入れた手製の弁当を置いていった。市川家は京味の顧客であり、西は家族全員をよく知っていた。それで、弔いにやってきたのである。

西が帰った後、その弁当の中身を見た。申しわけないと思ったけれど、あまりにも美しく、おいしそうに感じられたので、ずうずうしいとは思ったけれど、ついつい手を出してしまった。盗み食いしたわけではない。市川家の希実子夫人からすすめられたから食べたのである。

海苔で巻いたおにぎりと玉子焼きを口に入れ、味わっているうちに泣けてきた。麻央さんが亡くなって、市川家は悲しみに包まれていた。そのうちに、西健一郎がおにぎりを握る姿が浮かんできた。

病院に入るまで、彼は休みの日以外、毎日、京味のカウンターに立っていた。だが、長年、続けてきた仕事で、心臓とひざがよくなかった。ひざの手術を二度、心臓の手術を二度やっている。晩年は満身創痍という感じだったが、それでも料理には熱中していた。

そういう体であっても、長年の顧客に不幸があったと聞けば、手製の弁当を作り、自ら携えていくのである。

顧客が昇進した、あるいは叙勲があったなど、お祝いの席に赤飯や弁当を届ける料理人はいる。しかし、顧客が不幸に遭い、力を落としている時、また、明日のことなどどうでもいいと考えてしまう苦しい時期に、そっと弁当を届ける料理人は西健一郎の他にいるだろうか。日本に何万人の料理人がいるかは知らない。しかし、客がつらい状況にいる時に、声をかけるのではなく、弁当を届けに来る料理人は決して多くはない。

ふたつ目のエピソードはアートディレクターの長友啓典さんが亡くなった時のことだ。長友さんは西健一郎が新橋に店を開いてからの親友で、包装紙や名刺のデザインを頼まれていた。そして、長友さんもわたしをよく京味に連れていってくれた。

亡くなった後、西から「ご飯を食べませんか」と電話があり、京味の二階にある座敷に出かけていった。座敷に入ったら、長友さんの写真があり、その前に海苔巻きが供えてあった。

「『青辰《あおたつ》』にはかなわんけれど、僕でも普通以上においしい巻き寿司は作れる」

西さんはそう言いながら、巻き寿司をすすめた。

「青辰」とはかつて神戸にあった穴子寿司の店で、西健一郎が「あれほどおいしい寿司は食べたことがない」と評する店だ。

海苔巻きは玉子、三つ葉、干瓢《かんぴょう》、高野豆腐が具になっていた。

食事をつきあってくれた西の次女、麻里子とわたしはまるで、長友さんがそこにいるかのように、写真に話しかけながら、巻き寿司を食べた。西は一階で仕事をしていたので、時々、顔を出しては「長友先生はおもろい人だった」と話をして、また、調理場へ戻っていった。

顧客が亡くなったと聞いて、座敷を押さえて、わざわざ好物を作る。それも西らしいと思う。

三つ目は西健一郎という人の一本気な姿勢を表すものだ。この話は長友さんから聞いた。

「野地くん、こんな話、知ってる?」

——西さん、おもろいねん。どっかの社長が接待で京味を使って、「今日はこんな店にわざわざおいでいただいて」と相手に言ったらしいんよ。西さん、カウンターのなかで聞いていたらしくて、こう言ったそうや。

「社長、こんな店とはどういう意味ですか？　あなたはうちの店がおいしいと思ったから、お客さんを連れてきたんじゃないですか？　それなのに、こんな店とはどういうことですか？」

社長さんは面食らって、困った顔をしていたらしいけれど、でも、西さんらしいと思わへん？

妻のことを「愚妻」と呼んだり、息子を「愚息」と言うのと、同じ感覚で、その社長は京味を「こんな店」と表現して紹介したのだろうが、一本気な西さんにとっては憤慨するべき事案だったのである。

第一章

春の思い出

——子どもの頃

京都で生まれる

生まれたのは一九三七年、京都市内だった。その年はスペインのゲルニカに空襲があり、中国では盧溝橋事件が起こり、日中戦争に突入するきっかけとなった年だった。三九年には第二次大戦が始まり、四一年には真珠湾攻撃から太平洋戦争になる。彼は戦争前夜に生まれた。

西が物心つくまで父親の音松は木屋町通りの松原で割烹をやっていた。男四人、女三人の七人兄弟で、西は四男である。戦争が始まると、音松は店を閉めた。

一家は母親の里である亀岡市の佐伯に疎開、そこで暮らしを始める。西は八歳。小学校二年生である。その後、十七歳で実家を出るまで、西が過ごしたのは丹波に隣接する佐伯だった。自然のなかで、自然の味を食べて育ったのである。

佐伯は山陰線の亀岡駅からタクシーで十五分ほどの距離にある。京都から丹波の篠山城へ向から篠山街道沿いだ。京都から電車に乗っていくと、保津川下りのある深山の様相のある保津川峡を抜け、亀岡近くになってから田畑が広がる。風光はやや明媚といったところで、緑は深いところだけれど、京都市の通勤圏でもある。田園風景に涙が流れるというほどの風情はない。

　佐伯は農村で、今も古い家並みが残っている。だが、西が京都市内から疎開した当時は山の奥へ入るという感覚だったのではないか。しかし、昔も今もそこで穫れる山の幸、里の幸は豊富で、一級品ばかりだ。そこは夏は暑く、冬は寒い。一日の寒暖の差も激しく、山に囲まれているため霧が出る。そして、寒暖の差と霧が出ることが地元産野菜をおいしくしている。

　京都市内に店を持つ漬物店はそこに製造所を持ち、千枚漬け用の蕪《かぶ》、そして、大根や胡《きゅ》瓜《うり》などを塩と昆布で浅漬けにしている。茄子、トマト、胡瓜などを自家用に育てている農家が多い。

　他に、筍、松茸、黒豆、大納言小豆、栗、水菜も名物だ。隣接の丹波と同じく、佐伯も産物には事欠かない。

　米もおいしい。隣の丹波という地名は「黄金色の稲穂の波」という意味で、あたりは古くからの穀倉地帯だった。今はコシヒカリ、キヌヒカリを植えている。加えて、現在では丹波牛、亀岡牛というブランド牛肉があるし、地鶏の飼育も盛んだ。佐伯郷のすぐそばにある湯の花温泉に行けば亀岡牛を始め、春は筍、夏は鱧、鮎、秋は松茸、冬は松葉蟹、河《ふ》豚《ぐ》が出る。湯の花温泉は「京の奥座敷」と呼ばれる温泉地で、近郊の温泉などに比べると価格はリーズナブルである。

要するに、佐伯という食べ物の素材に関する限り恵まれた地区で西は生まれ、日本料理に使う上質の野菜を食べて育ったことになる。

ただし、疎開したばかりの頃、西の一家が河豚や亀岡牛を食べていたことはない。敗戦の年から数年間、日本人は食べるものを手に入れるために戦っていた。都市に暮らす者がもっとも困っていたのだが、農村、漁村に暮らしていたからと言って、食べ物が無尽蔵に手に入ったわけではない。

佐伯では贅沢な食事ができたわけではなかったが、それでも都市の住民よりはましな方だったろう。

その頃の食糧事情を伝えるひとつの報告書がある。

一九五〇年に示された『愛媛県政報告書』には次のようにある。

第二次大戦の末期から敗戦直後にかけての時期を振り返り、「斯《か》くも悪化した食糧事情も、国内産食糧の増産と輸入食糧の増加によって復興の槌音《つちおと》と共に逐次上昇線をたどり」、一九五〇年には「米・麦をもって二合七勺の配給（二合七勺は約〇・四九ℓであり、一日の一人分の食糧に該当する）が実現し、長い間抑制せられた食生活に光明を与えるに到《いた》り、終戦当時に較べ格段の好転をみたのである」と記されている。

では、食糧事情が好転するまで、佐伯のような地方の農村地帯に住む人々が何を食べていたかと言えば、同じ愛媛県の美川村東川地区（現久万高原町）に住むある男性の回想記がある。小学生だった彼の一家の父親は敗戦後、広島県の軍需工場から故郷に戻ってきた。一家は荒れ地を開墾し、とうもろこし、さつま芋を植えた。そして、「空腹になれば何でも口にした。イタンポ（イタドリ）やスイジ（スイバ）などをはじめ山柿《やまがき》、山梨《やまなし》、アケビ、野イチゴ、グイミ、（中略）毒でないものはどんなものでも食べたような気がする」

こうした事情は当時、日本のどこでもそれほど変わらなかった。むろん、西が暮らしていた佐伯もまたそういった状況だった。

佐伯の日々

それでも西一家は食に関してはまだ恵まれている方だった。戦後も数年経ち、食糧事情がやや好転してからは本物の松茸、栗、黒豆をふんだんに食べることができた。当時、松茸は今と違い、産地では山へ採りに行くことができた。そして、味噌、醬油は自家製、もしくは農家がこしらえたものをもらった。葱、トマト、ひもとうがらし（伏見唐辛子）、茄子、じゃが芋などは自宅の畑で栽培し、穫れたてを食べることができた。また、西の家では地鶏を三十羽近く飼っていたので、ひとり一個とはいかないが、ふたりで一個くらいの卵を食べることができた。

朝、鶏小屋で卵を集めてくるのは西の仕事で、余った分は売り物にする。ある日、お腹を減らした西は売るために集めた卵のひとつをポケットに隠し、通学の途中、殻にあけた穴から中身を吸い出して食べたことがあった。卵の数をちゃんと数えていた母親に見つかり、「みっともないことしたらあかん」と叱られた。

母は子どもたちのために、くふうをしながら食事を作り、栄養をつけようとした。冷凍食品もレトルト食品もなかったし、コンビニやスーパーがあったわけではない。目の前の畑で穫れたものをさまざまな調理法で子どもたちに食べさせた。スナック菓子を売っていたわけではなかったから、栗、柿、蒸した里芋といったものがおやつだった。

「葱とひもとうを持っておいで」と言われ、西は畑へ抜きに行く。母親は抜いてきたばかりの葱を味噌汁の具にしたり、炙《あぶ》った油揚げの上に刻んで載せた。ひもとうも同じように、さっと焼いて生姜醤油で食べた。

じゃが芋の味噌汁と、葱と油揚げに生姜醤油を垂らしたもの。このふたつがあれば、西は何杯でもご飯をお代わりすることができた。ただし、白米になったのは食糧事情が好転してからのことではあったが……。

母親の作った料理はシンプルだったが、なにしろ素材が生き生きしていたから、食べると活力が湧き、子どもたちは笑ったり、ケンカするエネルギーが出た。

穫れたて野菜とともに食卓に上ったのは豆腐と油揚げである。丹波は新鮮な魚はないし、肉はめったに見ることはなかった。タンパク質と言えば豆腐、油揚げ、がんもどきといった大豆製品だけだったのである。

豆腐を買いに行くのは西の役目だった。両手鍋を持っていくと、豆腐屋のおばちゃんが水から上げたばかりの豆腐を切り、鍋のなかへ移してくれた。揚げは店のなかのザルの上に置いてあったものから、きれいに揚がったものを経木《きようぎ》に包んで渡してくれた。

この様子は佐伯の豆腐屋に限ったことではない。昭和三〇年代、四〇年代の初めまでは豆腐屋へ豆腐を買いに行く時、誰もが必ず鍋を携えていったのである。

油揚げについて、西は覚えていることがある。母親は油揚げを料理する時に、「油抜き」をしなかった。

「揚げの油は揚げの味や。スカスカのもん、食べてどうするんや」

そう言っていたのも覚えている。

油抜きという調理法はあったし、高級料亭ではやってはいただろう。けれど、あの頃の家庭の主婦はそんな余計なことはしなかった。

さて、西家は疎開から戦後生活を始めたのだから、決して裕福なわけではなかった。ただし、毎日のおかずとして食卓に上っていたのは農薬を使わずに育てた自家製の野菜、筍、きのこ、山菜といったもの、そして、保存料も添加剤も入っていない豆腐、揚げ、こんにゃくといったものだ。今では金を積んでもなかなか手に入らない自然の味であり、ほんとうの味だった。

テレビ放送は一九五三年から始まっていた。しかし、受像機を持っていた家は決して多くはない。大半の家庭は家でテレビを見ることもなかったから、母親が丹精を込めてこしらえる夕食を食べることが一日のうちの最大の愉しみだったのである。

思うに、西の料理人としての最大の強みは子どもの頃の食生活体験ではないか。

毎日、自然のものを食べたこと、テレビもスマホもない環境で、料理を集中して食べたこと。あの時代に暮らしたものでないと、もはやこういう食体験はできない。

現在、和食でミシュランの星を持っている料理人は数多い。彼らは子ども時代からパスタやフレンチやエスニックを食べていただろう。寿司屋のカウンターに座ったこともあるだろうし、一流料理人の作った食事を食べたことだってあるだろう。ただ、うちで食事をする時はテレビがあったから、食事だけが愉しみという生活ではなかった。

一方でインスタント食品、コンビニの弁当、スナック菓子、スイーツを食べて育っている。

彼らは高級素材を食べ、海外の料理を知るという意味では幅広い食の体験をしている。調理済み食品の味もよくわかっている。今、活躍している料理人はそういった食生活をしてきた。

ただし、彼らは昔のほんとうの野菜の味は知らない。トマトや胡瓜のえぐみ、いんげんを茹でた時の青くさいにおいを知っている人間はいなくなりつつある。

西の舌、鼻は昔の野菜の味とにおいを覚えている。素材を選ぶ時でも、昔の味に近い野菜を買ってくることができる。

昔の味を食べたことのない今の料理人にはそれができない。

さらに、彼の舌は強い味の調味料、脂、砂糖にはほぼ触れていない。食事の際にやたらとソースやドレッシングをかけることもない。

カップ麺も食べないし、コンビニ弁当とも縁がない。

今の人はお好み焼きにソース、マヨネーズ、鰹節、青のりを載せて食べることは当たり前だと信じている。昭和四〇年代まで、お好み焼きの調味料といえばウスターソースをかけるくらいだった。調味料の種類が少なかったこともあって、料理をやたらと濃い味にして食べることはなかった。

西が育った時代、舌という感覚器は今の料理人とはまったく違う成長過程をたどったのである。つまり、彼の舌と今の料理人の舌では味覚を感じる力が決定的に違う。彼の弟子をのぞいて、今の料理人が西の料理をいくら真似ても、同じ味はなかなか出せない。そして、調味料にしても、西は素材や料理の味を引き出すために使う。しかし、お好み焼きにソース、マヨネーズをかける人は味を引き出すためではなく、強烈な味を追加するために使っている。西はそんな調味はしない。

音松の味

西の父親、音松（一八九七－一九八三）は独立して自分の店を持つ前まで、お抱え料理人をしていた。雇い主は最後の元老、西園寺公望（嘉永二年・一八四九－一九四〇）である。

音松は戦前の一九四〇年には「調理師番付」で西の横綱になったくらいの料理人だが、音松自身はそれを喜んでいたわけではなかった。

彼が自らの誇りとしていたのは稀代の美食家、西園寺公望の食事を毎日、こしらえていたことだ。それも毎日、違う料理を作っていた。

まだ元気だった頃、音松は西にこんなことを言っている。

「三百六十五日、同じ方に料理を作るゆうのがどれだけ大変なことか。お前なんかには絶対にできないことや」

西園寺公望は食べることを大切にする人だった。

ある本にはこんなことが書いてある。

「昔話だが、西園寺公望という人は超特級の美食家だった。（パリ）講和会議（一九一九年）の全権としてフランスへ行く時、一流料亭（なだ万）の板前と女将を同行したなどは、空前絶後のぜいたくと非難めいた世論だったのだが、そんなことどこ吹く風と無視した態度というものは、まさに貴人の慨というところだった」（『チャンコ修業　ある親方の話』河合政朝日新聞社）。

この時、西園寺は船で和食の材料を五トン持っていったと伝えられている。

「一生に一度ともいうべき大仕事に出かける西園寺さんが、自分の好きなものを食べて健康を維持するために、気のきいた女将や、一流の板前を連れていくのは当然すぎるほどの当然だと思ったよ」（同上）

音松はそんな美食家の西園寺に見込まれて毎日の食事を作る役割を果たしていた。

音松の作る料理は「季節が教えてくれた」ものだった。季節が教えてくれるとはその時期に盛りを迎えていた野菜であり、きのこであり、海藻、鮮魚といったものを使う料理だ。特に、音松は京野菜の扱いが上手だった。

西は父親のことを思い出して、こう語った。

「うちの親父が若かった頃はもちろん、私自身が料理修業を始めた頃でも、和食の料理人は修業に入る前に、一年間、まず八百屋さんへ行かされたんです。野菜のこと、季節のことがわかってから初めて料理の勉強をしろということでしょう。

京野菜には長い歴史があります。そして、京料理では野菜を上手に使う技術が要求されます。野菜のプロである八百屋さんに入って、一から学べということだったのでしょう。

私は佐伯を出て、京都の料理屋に入るのですが、そこには毎日、出入りの八百屋から番頭さんが来ていました。野菜の下処理は料理屋の人間ではなく、八百屋の番頭さんがやっていたのです。私たち小僧は番頭さんの野菜の扱いを見て、覚えていく。ただし、番頭さんは料理はしません。あくまで下処理だった。それでね、野菜の下処理を『揃えもの』と言うんです。

人参《にんじん》なら畑の泥をきれいに洗って、葉っぱも洗う。筍ならば、直炊《じかだ》きが基本なので、湯がいてアク抜きをする。料理する寸前までを整えるのが揃えもの。番頭さんは野菜を洗いながら、私ら小僧に、いろいろ教えてくれました。

『揃えもの』のほかに、野菜の『剝きもの』もあった。これも八百屋の番頭さんが教えてくれた。人参を梅の形（梅人参）にしたり、慈姑《くわい》を松笠にしたり、海老芋を亀にしたり……。私も少しはできますが、八百屋の番頭さんの技には到底、及びません。あれはただ形を真似すればいいのではなく、ちゃんと切る方向がある。野菜の性質を知り尽くしていないとできるもんじゃない」

西園寺公望は戦前、昭和一五年（一九四〇年）に亡くなっている。その後、音松は京都に戻り、自分の店を出した。戦時中、音松は都ホテルで働いていたことがあったので、家族が暮らす佐伯に帰ってくるのは月に一度、もしくは二度だった。帰ってきても、音松は料理を作ることはない。料理はあくまで母親の役目だった。また、佐伯の家は女房の実家ということもあり、音松としては居心地がいいとは言えない場所だったのである。

西は無口な父親に親しみを持つことはなかった。親子で話をしたこともなく、父親の作った料理など口にしたこともなかった。

ある時、音松が作ったおせちの黒豆を食べたことがある。店で出すためにこしらえた、煮しめとやわらかく炊いた黒豆を土産に持って帰ってきたのだった。

一口、食べて、「歯茎で嚙んでもつぶれるな」と感じたけれど、子どもの舌にはやわらかすぎるんじゃないか……。

それよりも母親が炊いた硬めの黒豆煮の方がおいしいと思った。父の前で、そのままを口に出したら、普段は口を利かない父親が怒った。

「バカもん、お前なんかに、ちゃんとした黒豆の味がわかるもんか」

西がやわらかく炊いた黒豆をおいしいと思うようになるのは、自らが料理人になった後のことだ。

丹波の味

十七歳で京都に出るまで、西は自然のなかで遊び、地元の中学、高校で少しは勉強もし、そして母親が作ったおかずとご飯を食べて育った。男の兄弟四人のうち、長兄は洋食の料理人として京都の都ホテルに勤めた。次男、三男は大学へ進学し、日本専売公社（当時）、地元の新聞社に入った。

西だけは進路を決めていなかったし、将来、何をするかも考えていなかった。

ただ、毎日、母親が作ったものを味わっているうちに、感じたことがあった。

母親は一日中、働いていた。畑で米や野菜を育てているか、もしくは台所で炊事をしているかだった。一日中、家族のために食事を作っていて、休んでいる時間などなかったのだが、つらそうな様子ではなく、楽しそうだった。

「料理には食べる喜びだけではなく、作る喜びというのがあるんやな」とふと感じたのである。そして、母親が出したおかずを食べると、醤油や砂糖の量がだいたいどれくらいだったのかが瞬時にわかった。それはひとつの才能と言っていい。

佐伯にいた時代、将来のことも気にせず、のんびりと過ごし、周りの自然を楽しんだ。

特に好きだった季節は春だ。佐伯の冬は寒くて凍える。雪は降らないけれど、その代わり、寒い日には雨がみぞれに変わる。みぞれが降らなくなれば佐伯に春がやってくる。

れんげ草が芽を出し、花をつける。れんげ畑は一面が紅紫に染まる。れんげ草は緑肥や牛の飼料になるもので、花が終わると、草を干してから、田んぼに鋤《す》き込む。もしくは干したものを牧草として牛に食べさせる。

春になり、れんげの花が咲くと、西は学校の帰りにれんげ畑で昼寝をするのを日課にしていた。春にしかできないことだったから、花が咲いているうちは畑のなかに入っていって、倒れ込んで目をつむった。見つかると畑の持ち主にひどく叱られるのだが、紅紫の花につつまれて寝息を立てるのは決してやめられない体験だったのである。

昼寝の後は友だちと一緒に山へ行き、山菜を採って帰ってきた。蕨《わらび》、蕗《ふき》、虎杖《いたどり》は母親が昆布と一緒に佃煮のようにして炊いてくれたのである。

佐伯の春は桜も咲く。山も畑の周りも学校の校庭にも桜の木はあった。しかし、桜は見て楽しむものだから、桜餅を作ったり、葉っぱを使うことはあっても、桜の花びらをご飯に炊き込もうとはしなかった。音松も母親も西も、桜や花びらを料理に使うなんてことはみじんも考えなかった。

西健一郎の話

春の若竹汁

佐伯の春といえば筍かな。山に行けばあったからね。掘りたての筍でうちの母親が作っていたのが若竹煮だった。わかめと筍の煮物。おだしに茹でた筍、わかめを入れて煮るだけの簡単な料理です。

若竹煮の時、うちでは家の裏山にある山椒の木から木の芽を摘んでおきました。木の芽をお椀に入れるだけで、春の香りが際立つのです。

若竹汁にはちらし寿司か五目ご飯でした。私は今でも春にちらし寿司を作ると、若竹煮を食べたくなります。

また、あの時代は来客があって、たとえば、寿司屋さんに握り寿司を注文したとします。そうしたら持ってきたお寿司だけを出すのでなく、必ずうちで作ったお椀をつけて出したものです。わかめを入れただけの簡単なすまし汁でいいから、お椀を作って、お客さまには握り寿司と一緒に召し上がってもらいます。それが当たり前でした。今でも、外でお寿司を買ってきた時など、そのまま食べるよりも、お椀だけは自分で作るといいんじゃないでしょうか。春だったら、そこに木の芽を。それだけで贅沢な食事になります。

お椀のなかでも簡単にできるのが、かき玉汁です。かき玉汁は料理屋では出しません。家庭のものです。贅沢にしようとすれば白魚とからめたり、筍を加えたりすることもできる。でも、私が子どもの頃は、白魚は高価なものでしたから、めったに見たことはなかった。逆に、諸子《もろこ》は今は高いけれど、当時はそれほどでもなかった。そういえば、親父が火鉢で焼いた諸子に醬油をつけて食べさせてくれたことがありました。

油揚げといりこだし

僕は今でもお揚げが好物です。母親が作ったお揚げのおかずといえば、葱とお揚げ、お揚げの甘煮、お揚げと水菜のはりはり鍋……。

葱とお揚げは、お揚げを炙るか、フライパンで焼き目をつける。熱いうちに刻んで、その上に九条葱を細かく切ったものを山盛り載せて、あとは醤油をかけて、炊きたてのご飯と一緒に食べます。

お揚げの甘煮も簡単ですよ。砂糖と醤油で煮含めるだけです。

はりはり鍋は、いりこだしに少量の鰹節、昆布を加え、そこに水菜を入れる。あとで一枚を八つに切ったお揚げを加える。本来は鯨と水菜で作るものですが、お揚げで代用しても、おいしくいただけます。うちの母親はいりこでだしをとっていました。いりこ、つまり煮干しのことです。あの当時は鰹節や昆布が高価で、贅沢品とも言えるものでしたから、とてもだしには使えなかったのです。どこの家庭でも味噌汁はいりこでとりました。前日の晩、鍋に水を入れそこへ頭を取った数匹のいりこを入れておく。そうして、朝食に備えるわけです。朝になったら、鍋に火をつける。沸いたら、いりこは取り出す。それだけのことです。

鰹節なんてものは、おだしというよりも、削り器でかいたあと、ご飯に載せて食べる立派なおかずでした。

豆腐の買い方

近くに自家製の豆腐やお揚げを作っている豆腐屋さんがあれば、それがいちばんです。でも、町の豆腐屋さんはだんだん減ってきたし。今はスーパーかデパートで買うことが多いですね。僕は白くてふわふわした頼りないお揚げはよう買いません。油揚げはよく揚げてあって、衣と衣の間に豆腐が残っているものがいい。

好きなのは京都の「森嘉」のお揚げかな。長方形と、おいなりさんにする正方形の二つの種類があります。「森嘉」がいいのは僕が京都生まれということもあるけれど、あそこの豆腐は食べたうちでいちばんの味だと思えるからです。「森嘉」の豆腐には絹ごし、木綿の区別はありません。一種類だけです。水がいいんでしょうね。なめらかで、それでも大豆の味を残している。そんな豆腐で作ったものだから、お揚げも上質なのでしょう。

お揚げですが、油抜きはしません。よほど油が残っているものは別ですが、お揚げは油があるから、うまみが出るんです。油を抜いた、カスカスのものを食べてもそれほどおいしくはない。おいなりさんを作る時でも僕はそのまま炊いています。ただ、粕汁を作る場合だけは油の味が勝ったらいけないから、油抜きをする。その場合も、ザルに載せて上から湯を注いだりはしません。鍋に湯を張って、ぽちゃんとつける。それくらいですよ。

たくあんの田舎煮

酸っぱくなりすぎて、ちょっと食べられなくなったような古漬けのたくあんをよみがえらせるおかずです。たくあんを薄切りにして鍋に入れ、被《かぶ》るくらいの水を加える。火にかけて一度、沸いたら、湯切りします。新しい水とたくあん、いりこを鍋に入れて少し煮て、濃い口醤油、砂糖、種をのぞいて小口切りにした鷹の爪を入れて、味が染みるまで煮ます。漬物の持ち味を生かして、歯ごたえが程よく残るくらいがいいですね。鷹の爪がピリッとして、冷めてもおいしい。昔の人は、食べ物を粗末にしないだけではなく、立派なおかずにこしらえてしまうんですから、その知恵には感心させられます。

ひもとうがらしとじゃこの煮物

海が遠かった京都では、おかずといえば乾物を使ったものが中心でした。なかでも、昔は手頃な価格だった、じゃこはお惣菜にぴったりのものだった。

佐伯の家の畑で育てていた、ひもとうがらし（伏見唐辛子）と一緒に炊いた煮物には愛着があります。

ひもとうがらしはへたを落として縦半分に切り、スプーンで種を取り除きます。鍋に八方だし、ひもとうがらしとじゃこを入れ、火にかけ、沸いたら調味料を加える。そうして、汁気がなくなるまで炊きます。調味料は薄口醤油と砂糖が少々。甘みを少し加えることで、味に奥行きが出て、ご飯に合うようになります。

ほんの少しのおかずでご飯が進む。母はそんなお惣菜が上手な人でした。ひもとうがらしなんて、子どもが好きな野菜とは思えないのだけれど、母のおかげで僕は大好きになりました。

なまり節と胡瓜の酢の物

なまり節は生の鰹を蒸したり燻《いぶ》したりしたもので、鰹がたくさん揚がる港では保存食として作られています。馴染みのない方も多いとは思いますけれど、栄養価も高くて、おかずにはぴったりです。身が締まっているので、煮物にすることが多いですが、和え物にする場合は、だしを煮含めて、しっとりさせるといい味になります。

なまり節は八方だし、砂糖、薄口醬油で煮て、冷ましてから一口大にほぐします。胡瓜はなまり節の食感に負けないよう、厚めの小口切りにして、塩もみします。塩気を少し残すことが大事なので、水洗いはさっとするだけでいい。なまり節と胡瓜を土佐酢で和えたらできあがり。

ひじき煮

ひじきは油揚げを入れることで、ご飯に合うおかずになります。人参を加えると、彩りもよくなり、見た目にもおいしそうになりますよ。

たっぷりのぬるま湯につけて戻して、水洗いした、ひじきと同じくらいの細さに切った人参、油揚げを油で炒め、そこへ八方だしを加えます。沸いたところに、砂糖、醤油を加えて味を調えます。

おかずというものは、それぞれの家庭にそれぞれの作り方があります。これが絶対に正しいというものではありません。

私の思い出の味は、どれも自然の旬の素材を素直に生かした味わい深いものばかりです。見栄えのする料理ではありませんが、みすぼらしいと思ったことは一度もありません。そういうおかずは飽きがこないし、いくらでもご飯が食べられる。

おいしいもんと珍しいもんは違う。母親の作った料理は父親の口癖そのままでした。

巻き寿司に高野豆腐

初夏から夏にかけて、昔は野菜の種類が少なかったと思います。露地ものが主でしたから、胡瓜、トマトはあったけれど、ほうれん草のような葉物は八百屋の店先にはありませんでした。

ですから、初夏から夏になって野菜の素材が限られてくると、乾物を上手に使っておかずにしたのです。

高野豆腐は乾物のなかでもよく使いました。お精進には欠かせないものですから、干し椎茸、三度豆（さやいんげん）と一緒に炊いたものは子どもの頃、よく食べていました。

高野豆腐は甘めに煮含めたものを巻き寿司に使います。佐伯の小学校に通っていた頃の話ですが、遠足へ行く日の朝は母が作った巻き寿司を持っていきました。玉子焼き、干し椎茸、三つ葉と一緒に高野豆腐が入っていて、高野豆腐にしみ込んだ、だしの味がお酢のご飯に広がっていく。あの、巻き寿司は、ほんとおいしかったよ。

東京では巻き寿司に高野豆腐は入れないでしょうけれど、僕は巻き寿司には高野豆腐を入れます。短冊に切った高野豆腐を握って、だしを絞るのですが、だしが出切ってカスカスにならない程度にするのがポイント。程よくだしが残るように絞る。食べた時に、だしの味が広がるように。

そうです。長友（啓典）さんが亡くなった後、みんなで食べたでしょう。ああ、あれ、長友さんに作ってあげたことなかったんかな。作ってあげればよかったのにねえ。あの方も関西だから、喜んでくれたはずですわ。

高野豆腐の戻し方

高野豆腐の戻し方ですが、昔はあらかじめ、へりの部分にだけ重曹（炭酸水素ナトリウム）をすり込みました。へりの部分が硬くて戻りにくかったので、重曹でやわらかくしたのです。今、売っている高野豆腐はそこまでしなくとも均一に戻るんと違いますすか。

高野豆腐は茹でて戻した後、一度、水に取ります。そして、ここからが大切なのですが、水のなかで何度もやさしく押したり離したりします。両手で押さえては離しを繰り返す。高野豆腐のなかに入っている余分なものを洗い出すんです。一度ではダメ。白く濁った汁が出てこなくなるまで、何度も洗う。そうっと、そうっと、形を壊さないように、きれいに絞る。

そうやってきれいになったものをいつもよりも濃いめにとっただしで煮て、味をつけます。余分なものを洗っておかないと煮た時にだしが濁ってしまう。こういうところに手をかけるのが料理人の仕事なんです。

ドーナツ

子どもの頃、いちばん好きやったんはそれはドーナツですよ。母が特別な日にだけ作ってくれてね。小麦粉を棒みたいにして、くるっと輪っかにしてから油で揚げる。周りに砂糖をつけるんですよ。小麦粉、卵、牛乳と膨らし粉。牛乳は山羊の乳だったね。近所に山羊を飼っていた人がいて、その人から売ってもらったんです。

僕は京都の市内からやってきた子どもだったから、最初のうちなかなか友だちがいなかった。それで、母が遊びに来た友だちにドーナツをこしらえて食べさせたんです。次の日、学校へ行くと、みんな、ドーナツの話をしていて、「また、西の家に行きたい」と。

「西んちでな、まあるくて真ん中に穴のあいた、砂糖のついたお菓子を食べたんや。おいしかったで〜」

それから、学校の友だちがどんどんうちに遊びに来るようになりました。

第二章

高度成長の夏

——修業時代

京都へ行け

西が佐伯にあった高校に通いだして、一年も経たない正月明けのある日だった。

母親が西を正座させてから言い渡した。

「健ちゃん、お前、もう学校は行かなくていい。その代わり三月から料理屋へ見習いに行くように。お父さんが決めました。あなたのためです。黙って京都へ行きなさい」

そんなと言いかけたが、母親の口調は有無を言わさずといった毅然としたものだった。

「高校は？　出んでもいいの？」

母親は息子の目を見て言った。

「お母さんは修業するなら早い方がいいと思うよ。お父さんなんて明日からでもいいと言っていたくらいだから。それにな、お前があと一年、学校に行ったからと言って、これから倍ほど賢くなるとは思えんわ」

末っ子の西に愛情を注いでいた母だったが、息子に父親の跡を継いでもらいたいという気持ちもあったのだろう。学校をやめて料理人になれと言い渡すのだった。彼女は西の母親というよりも、音松の、料理人の女房だった。

西本人は高校を出たかったし、できれば大学へも行きたい気持ちはあった。兄二人が大学に行っているのだから、彼自身も行きたい気持ちを持っていた。

しかし、父親の意見は絶対である。彼は何ひとつ文句を言わず高校を中退して料理屋へ入った。高校の友だちにはいったい、何と言ったのだろうか。あの時代、料理人になることは今とは違った。あこがれの職業でもなんでもなかった。

「お前は勉強ができんから、料理人にでもなれ」と言われた時代だったのである。本人はその時、まだ高校一年生だ。できることなら、料理人にはなりたくなかったのではないだろうか。

それでも西は言われたとおり、音松が見つけた修業先、京都市内の高瀬川沿い、木屋町通りにある料理屋に入った。

十七歳、一九五四年。最初にもらった給金はわずか五〇〇〇円である。

当時の物価を見ると、高校卒の公務員初任給が五四〇〇円。牛乳：一五円　かけそば：二〇円　ラーメン：三〇円　喫茶店（コーヒー）：三五円　銭湯：一五円　週刊誌：二五円　新聞購読料：二八〇円　映画館：一二〇円。

住み込みで三食まかないつきとはいえ、五〇〇〇円はいかにも安い。ただし、料理屋で修業する十七歳の小僧の給金はおそらくどこでもそんなものだったろう。西だけが特別安かったわけではない。

音松は朋輩のなかでも信頼できる料理人の店に息子を預けた。そして、音松が「信頼できる」と考える尺度は「厳しさ」である。西は京都でも修業が厳しいことで知られる料理屋に入ったのだった。

料理人の修業は和食の場合、誰でも「洗い場」から始まる。皿洗い、先輩のタバコを買いに行くといった雑用、掃除といったもので、「追いまわし」とも呼ばれる。また、採用は定期ではなく、欠員募集だ。ひとりやめたら、ひとり入れる。

西が入った後、上にいた先輩がなかなかやめなかったため、新人が入ってくることもなかった。そのため勤めてから、まるまる三年間は包丁も握らず、雑用ばかりをする羽目になったのだった。

親方には可愛がられたけれど、先輩たちからは激しいいじめを受けた。親方と西の父親、音松は仲がいい。そのことは料理屋の従業員たちはよくわかっている。

親方は友人の頼みだから、厳しく、そして愛情を持って育てる。外に食事に行く時には秘書のようにして連れていき、料理屋の味を覚えさせることもあった。

だが、それは先輩連中にとっては面白くないことだったのである。

「なんや、あいつは。えこひいきされとるんやないか」

親方が西を可愛がった分、先輩はこき使ったし、いじめた。

「おい、タバコを買うてこい」

「ぼやぼやせんと、掃除しな」

「お前、何してる。ええか、まかないを食うのは、追いまわしは最後の最後や。お前に食わせる飯はない」

何かにつけていじめの対象になるのである。西としては自分から特別扱いを頼んだわけではない。けれど、親方に「みんなからいじめられるから特別扱いはしないでください」とは言えない。微妙な立場なのである。

そうしているうちにも、いじめはどんどんエスカレートしていった。

ある日のこと、仕事が終わった後、呼び出され、近くの小学校の砂場に連れていかれた。殴られ蹴られ、足がらみで砂場にたたきつけられた。鼻血が出たけれど、親方に言いつけることはできない。親方にはわからないように、そっと顔を洗い、服をつくろった。

砂場で殴られてから少しした日、西は年上の先輩から、夜逃げをしようと誘われた。早朝、約束の場所、河原町の四条の角に行くと、先輩ではなく親方がひとりで立っていた。先輩は夜逃げする気などなく、西を罠にはめるために相談を持ち掛けたのである。

親方からは叱られた。だが、親方も事情はうすうすわかっていたのだろう。叱った後、朝ごはんに連れていきその日は「休んでいいぞ」と言われた。

だが、翌日からまた、いじめが始まった。

「お前はな、生意気なんや。夜逃げするならもう一度、やってみい」

そう言われ、殴られる日々である。だが、もう抵抗するのはやめた。

早く修業を終えて独立する。自分の目的と母親のことを考えて、ひたすら我慢したのである。我慢するしかなかった。

西は掃除をし、雑用に徹した。大好きな母親のことだけを考えた。もし、店をやめたら、母親は修業先に頭を下げなければならない。それを考えると、何があっても辛抱して、修業するほかはなかった。

板場の修業

西が修業したのは昭和三〇年代だ。調理場の環境が今とはまったく違う。たとえば芋の皮剝きひとつでも、今ならピーラーがある。じゃが芋の皮を剝くのは素人だって時間はかからずきれいに剝ける。

しかし、あの頃は便利な調理器具はなかった。調理に取り掛かる前の下ごしらえに時間がかかった。

魚肉のすり身を作ろうと思ったら、まず包丁で細かく刻み、そして、すり鉢であたった。ミキサーで粉砕するようなことはもう少し後になってからだ。

下ごしらえでは包丁を使うことが基本だった。そして、包丁を使うことで、調理の技術は上達していった。文字通り、包丁を自分の手のように使うことができるようになっていった。

調理器具だけではなく、食器洗い機もなかったし、スポンジや食器用洗剤も使っていなかった。

勤めた店では、器は洗い場専門の女性が洗うことになっていた。追いまわしが洗うのは、鍋や蒸し缶、お玉杓子《たまじゃくし》などの調理道具だけである。そうして汚れた鍋は細かい磨き砂や石けんを使い、たわしでこすった。

彼は雑用をしながら、先輩たちの仕事を観察していた。そうして、各持ち場ではどういった料理をするのか、その料理を作るには何をすればいいのかをじっと見た。

「これ、どうやって作るんですか?」などと、聞こうものなら、すぐに頭をひっぱたかれるのが当たり前だったからだ。親方も先輩も調理は教えてくれない。自分の仕事をしながら、技やコツを盗むしかなかったのである。

息抜き

追いまわしの仕事のひとつに材料の調達がある。

料理を包む笹の葉、蓼酢《たです》に使う蓼といったものは仕入れるのではなく、追いまわしの人間が採りに行くのである。どこに笹や蓼が生えているかは教えてもらえない。苦労して探し当てるしかないのだが、佐伯の自然のなかで育った西はどういったところに生えているかが勘でわかった。自分自身で生えている場所をどんどん開拓し、そこへ採りに行くようになっていたのである。都会生まれの料理人ではこういうことはできない。

笹も蓼も、置いておくと傷んでしまうので、毎日、昼の休憩時間や、仕事が終わった深夜に行くのが決まりだった。だが、西は翌日の分まで多めに確保しておいて、一部は鴨川の水辺に隠しておいた。

隠しておけば「蓼を採ってきます」と言って、鴨川の土手で昼寝をする時間ができる。小一時間してから、隠してあった蓼を手に店に戻ればいい。そういうところはちゃっかりしているというか、気が利いていた。

また、追いまわしの仕事のひとつに砥石《といし》の表面を平らにすることがあった。料理人は自分の包丁は自身で研ぐのが習いだ。ただ、砥石は共用で、みんなが交代で使っているから、ついつい真ん中だけがえぐれてしまう。すると、研ぎにくい。

「おい、これ、平らに直しといて」

言いつけられると必死になって、やすりで砥石の端っこを削るしかない……。

だが、西は考えた。昼休みや店が終わった後、砥石に縄を巻き、出前用の自転車の荷台から垂らす。そうして、ゆっくり走っていって、路面で砥石を削ったのである。ひと月に一度、西は砥石を下げた自転車で、店から少し離れた場所の広くてまっすぐな道を往復した。もし、親方や先輩に知られたら「何をしてるんや」では済まされないくらい怒られたのだろうが、一度も発覚したことはない。要領もよかったのだろうが、あらゆることに気配り目配りする性格でもあったし、それに運がいい男でもあった。何しろ彼は八月八日生まれ。末広がりの日に生まれている。運がいいのも納得できる。

持ち場

和食の料理屋で、料理人たちはそれぞれの持ち場で仕事をする。雑用の洗い場、追いまわしから始めて七つの仕事を覚えると、一人前となり、独立となる。入店から三年後、やっと下の人間が入ってきたこともあって、西はひとつずつ階段を上っていった。

追いまわしの次にまかされたのは「油場《あぶらば》」である。賀茂茄子など野菜を焼いたり、唐揚げを担当する。その次が鮮魚を焼く「焼き場」、続いて前菜、寿司などを作る「八寸場」。

この辺まで来ると、仕事を覚えて楽しくなってくる。

その次が、刺身を切る「向こう板」、その後煮物を作る「煮方」となる。すべてをまとめ、客との第一線に立つ料理人を関東では「花板」、関西では「真」と呼び、向こう板か煮方が兼務している場合が多かった。

西は追いまわしこそ長かったが、抜きんでて舌の感覚が優れていたこともあって、各持ち場をそれぞれ一年ほどで卒業することができた。そして、真をまかされ、刺身も切った。二十代半ばのことである。

二十代で一流料理店の真になったわけだが、当時の板前、料理人の社会的な地位は決して高くはなかった。

現在、小学生に「将来、なりたい仕事は何？」と聞くと、シェフ、パティシエと答える子どもが少なからずいるけれど、当時の小学生に同じ質問をしても、「板前」と言う子はひとりもいなかっただろう。

だいたい、グルメという言葉自体がなかったし、食通という言葉だって、人口に膾炙《かいしゃ》していたわけではない。昭和三〇年代、四〇年代は外食すると言ってもせいぜいデパートのお好み食堂へ行くくらいで、小学生が寿司屋のカウンターで「トロ」などと注文するようなことはありえないことだった。

西の妻、弘子は結婚前、友人に「今度、板前さんと一緒になる」と告げたら、「えっ、大丈夫、そんな仕事の人でいいの」と言われた記憶がある。

その頃の板前とは世間から見ればバクチと酒で身を持ちくずす人間の典型のように思われていたのだった。

関西と関東の味つけ

西が勤めた店が出していたのは、むろん京料理である。東京の料理とも違い、関西でも大阪の料理とは少し違った。

江戸時代の文人、大田蜀山人は京都という町、人、食べ物の素材を狂歌にしている。

「水、水菜、女、染物、みすや針、御寺、豆腐煮、鰻鱧、松茸」

女と書いてあるのは祇園の芸妓のことだ。水菜、豆腐は水がいいからおいしくなるもので、京都は水がいいということを言っている。鰻、鱧は生命力が強い魚だ。四方を山に囲まれた京都は鮮魚、魚介に恵まれていない。そこで鰻、鱧のような遠くから運んできても生きている魚を京料理に使った。もしくは若狭ぐじのようなひと塩の魚が京料理の主菜になる。

西が勉強したのは京都の野菜、きのこ類、そして、鱧、ぐじの料理だった。佐伯で食べていた自然の野菜、きのこ、地鶏などの味が下地になっていて、そこに奥の深い京料理の技術が塗り重ねられたと言える。

では、京料理の調理にはどういった特徴があるのだろうか。

吉兆の創業者、湯木貞一は神戸で生まれ、大阪で店を出した。湯木は「(大阪の料理は)京料理を一歩見上げています」と語っている。

「ひと昔前、大阪はお刺身をつくっても京料理のきめ細かさはありませんでした。ぶつ切りの鯛の刺身をお客さんに食べさせていた。（略）それに対して京都はきめが細かくて、若狭甘鯛（ぐじ）を糸づくりで勝負させた。大阪の人は糸づくりなんてしんきくさいと言ってやらなかった。（略）

それから京都には別に店舗はもたずに客の注文で、その家の食器を使ってその家で料理をする、八百屋さんという仕出しの組織がありましたな。その仕出し屋さんはお茶の家元じきじきの薫陶を受けて格調ある料理を生み出しました」（『吉兆料理花伝』）

要するに、センスときめ細かさが京料理の特徴なのだろう。独立した後、西は東京に店を出すことになる。佐伯、京都、東京という三つの環境の素材を知ったのだが、センスときめ細かさは京都時代に培われたものだった。

では、調理のなかでも重要な味つけについてである。関西と東京の味つけの違いを考えてみたい。

湯木貞一はこんな考え方をしている。

「東京は塩から味よりも塩味と甘味の両方で、そして、京阪が中ごろで、また広島へ行くと今度は塩から味だけになる。細長い日本の国の味覚の中心が、京阪にあって、東上すると甘くて塩からい。下へ行くと塩からい……」（同書）

湯木は味つけの地域差をよくとらえている。

湯木の話にあるように、一般には東京の料理は塩味が強く濃い味で、関西は薄味だと思われている。

それでは、どうして、東京はしょっぱくて、関西は薄味と思われてきたのか。

大正から昭和にかけて「天皇の料理番」だった、宮内省厨司長の秋山徳蔵は「味つけの違いもあるが、それよりも食べ方が違うのだ」と主張している。

「東京は器物をそこへおいたまま箸で食物をつまみ上げてたべる。関西は器物を手にもって、すぐ口のそばまで運んできてたべる。従って関西はおつゆがたっぷりついて舌の上へ来るし、東京はつゆは置き去りにして物だけが来る。

関西はこんなことから古来おつゆにしっかり味がついていて、ふくみ併せたべて、本当の味が出るようになっており、東京はつゆはいわばおまけで、『物』へしっかりと味がついている。

東京の人が関西の料理をたべて、よく『少し塩味が足りない』というが、あれは（関西風料理の）食べ方を知らないのである。関西の人もまた東京のをたべて、つゆをたっぷり含ませてやるから、『少し塩が強い』という、これも間違っている」（『味覚極楽』子母澤寛）

野菜とがんもどきの煮たものであれば、東京の料理人は野菜とがんもに味をつける。煮汁は少ない。関西の料理人は煮汁も多く、がんもなどはたっぷりの煮汁とともに舌に載せる。

ただ、今ではほとんどの人が煮物を関東風に食べる。つまり、煮汁のなかからがんもだけをつまんで食べるようになっている。煮汁も一緒に食べるやり方を知らないから、「関西の味つけは薄い」と感じるのだろう。そして、料理屋も煮物の味つけは関東風のおつゆが少ないものになっている。

西が勤めた頃の京都の料理屋では、おつゆにしっかりと味をつけていた。彼が習ったのはそういう京料理だった。だから、京味のだしのとり方、だしの使い方は関東風になってしまった他の料理屋とは違ったのだろう。

そして、思い出してみれば、京味の炊き合わせはおつゆが多めに入っていた。具とおつゆを一緒に舌に載せると、昔の人の感覚になっていたはずだ。京味の炊き合わせとおつゆは昭和の京都へ通じるタイムマシンだった。

調理は「見て覚えろ」

追いまわしという雑用からスタートした西の修業だが、料理を手取り足取り教わったわけではない。ただ、見る。見て覚えるそれだけだった。それは師匠も先輩も具体的な調理の方法を教えないのが当たり前だったからだ。教えないだけでなく、弟子が知ろうとすると邪魔するのが師匠であり、先輩だった。

たとえば、煮方の先輩が鰊《にしん》と茄子を煮たとする。

西に「洗といて」と柄のない銅《あか》鍋を流しに置く。西が残った汁をなめて味を知ろうとしても、先輩は鍋のなかに必ず水を入れて、だしを薄めてしまう。あるいは磨き砂を入れる先輩もいた。修業中の人間に鍋に残った煮汁を飲まれると味つけを盗まれてしまう。それを恐れたのである。

西が勤めた店に限った話ではない。帝国ホテルのフランス料理の厨房でさえも同じことが行われていた。料理人にとって、自分の煮汁、自分の作ったソースを知られることはあってはならないことだった。自分が覚えた技術はあくまで自分だけのもので、自分の食いぶちだった。だから、後輩であろうとなんであろうと他人には教えないのが当然のことだったのである。

さらに言えば、その頃の和食店では「この料理は何ですか？　どうするんですか？」と聞くことさえも許されてはいなかった。

和食では「立て塩」という海水と同じ濃さの塩水につけておく調理法がある。西が「親方、海の水の濃さって、どれくらいにすればいいんですか？」と訊ねたことがあった。

親方は「お前はバカだな」という表情で呟いた。

「お前な、ひまやるから今から海行って、水を飲んでこんかい。そうしたら、わかるやろ」

海水の濃度が何パーセントで、どれくらいしょっぱいのかは自分で考えろということだ。

万事がそんな調子だったので、西は目を開き、耳を大きくして調理技術を自分のものにしていくしかなかった。

「聞いてはいけない」「やってはいけない」と言われると、人間は見ることに集中する。メモを取らなくても、何年もの間、見ていればわかってくる。毎日毎晩、親方や先輩がやっている、だしのとり方、味のつけ方をじっと見つめていれば、コツは自然と頭のなかに入ってくるのである。

だが、西は他の料理人と違い、ただ技を自分のものにするだけではなかった。仕事を盗み見ながら、「オレならこうする」と自分のやり方をくふうしようとしたのだ。単に真似るだけでなく、自分流の調理の仕方を頭に描きながら、技やコツを取り入れていったのである。

先輩の盛りつけを見ていて、こう感じた。「オレなら鮎の塩焼きに酢蓮根のあしらいはやりたくない」

どうしてなのか。

「鮎は蓼酢で食べるのだから、そのうえ酸っぱい味の酢蓮根はいらない。オレなら酸っぱくない、あしらいにする」

西が頭のなかにメモしていったのは、「店の主人になったら、こういう料理を出してやろう」という調理や盛りつけのプランだった。

そんなところが他の弟子とは違っていたから、親方にしてみれば西は友人の息子ではあるが、やりにくい弟子だったろう。

西はある日、親方に言われた。

「お前はじゅんさいなやっちゃ」

じゅんさいみたいにつるつるしてとらえどころがない。言うことを聞いているのかいないのかわからないという意味だ。働きながら考えている時間が多かったから、どうしても、生返事になる。すると、親方は「お前はつかみどころがない。やっぱり、じゅんさいなやっちゃ」と叱るのだった。

ノートと写真

その店では追いまわしから真になるまで、勤めている料理人は全員、その日に出した献立を大学ノートにつけることになっていた。ノートに記しながら、客の好みを覚え、また、料理の組み合わせを書き留めておくためだ。ただし、単に書き付けておくだけでは惰性でやる事務作業になってしまう。住み込み部屋に並べて敷かれた布団に入る前、布団の上で書くのだが、仕事の後だから何しろ眠い。まともに献立や盛りつけのメモを書けるはずもなく、後から読むと何が書いてあるのかわからなかったこともしばしばだった。

彼はふと考えた。

「文字だけでなく、写真をつけたらいいんじゃないか」

今なら、親方や先輩料理人が調理しているところをスマホ動画で撮ればいい。だが、その頃は料理を記録するとすればフィルムカメラしかなかった。それも調理中に写真を撮るなど論外だ。客に出す料理も撮ることはできない。そんなことをしたら、殴られるくらいでは済まなかっただろう。しかし、西には出前に行く機会がある。

「そうだ。出前の途中に岡持の蓋をあけて、なかの料理を写せばいい」

そう考えたのだった。

ただし、問題がある。フィルムカメラは安くなかった。二眼レフ（レンズが二つついている縦長カメラ）のそれは一台一万円から三万円はした。西の給料はさすがにひと月五〇〇〇円から上がってはいたけれど、それでも最低一年間は給料の半分を貯金しないと買えない価格だった。

しかし、彼は決めた。節約して金を貯め、一年後、ついにリコーの二眼レフカメラを手に入れたのである。

写真帳

カメラを買ったのだけれど、フィルム代が高かったから、無駄にはできなかった。親方や仲間の目が光っていたから店内でカメラを出すことはできない。そこで、出前の時にこっそり持っていき、仕出し弁当の中身を撮った。また、短い休憩時間を利用して老舗の和菓子店に出かけ、表からショーケースのなかにある生菓子の写真を撮った。

生菓子を撮影したのは店の常連で茶道の関係者がふと漏らしたひとことだった。

「お菓子は料理の先走りだよ」

和菓子は季節を先取りして作るから旬の料理を作る際のヒントになる。菓子の色の組み合わせは写真を撮りながら頭のなかに焼き付けた。白黒フィルムしか売っていない時代だったが、撮影した写真を現像してみたら、西の頭のなかには菓子の微妙な色までがくっきりと浮かんできた。

修業時代に彼がいちばん大切にしていた宝物とは何年も撮った写真を丁寧に貼り付けた帳面だった。独立して、自分の店を持ってから、彼は写真帳を見ながら、独自の料理を考案したり、盛りつけをくふうしたのである。

たとえば、京味が毎年、六月になると出していた「烏賊《いか》の味噌松風《みそまつかぜ》」という前菜がある。白身魚のすり身に烏賊のすり身を合わせ、白味噌で調味する。表面には芥子《けし》の実を載せて焼く。この仕事は和菓子店で見た味噌松風という小麦粉、砂糖、水飴を混ぜた生地に芥子の実を載せた菓子を応用したものだ。京味の料理を形作った要素のひとつは和菓子を写した写真帳だったのである。

独立したい

修業時代は楽しいものではなく、つらく厳しかった。特に、その店では次々と修業に入った料理人がやめていった。なんといっても西が独立するまで、その店に十年以上勤めたのはたったひとりだけだったというくらい、人が続かない店だったし、料理の修業は厳しいものだった。

板前として「真」になり、料理長補佐の役割を果たすようになってからでさえ、西は心から楽しいと思ったことはなかった。客からは「健ちゃん、健ちゃん」と可愛がられた。しかし、客がほめた料理は自分の料理ではない。親方から言いつかった十年一日のごとく変わらない京料理である。くふうしたくとも、しょせん、他人の店だから、自分の味を出すことはできない。彼に限らず、料理人が独立したいと思うのは、「自分の力を試してみたい」からだ。自分が作った味をお客さんは何と言うのか。それが知りたいからでもある。

まったくの創作料理を作りたいわけではない。西は鱧であれば湯通しして梅肉をつけるだけのお決まりの他に、鱧の洗いも付けてみたかった。お客さんに両方の味を比べてみてもらいたかった。鱧の洗いもまた鱧のおいしさを表現できる料理だったからだ。だが、他人に雇われている限り、そんなことは許されない。

彼にはある考えがあった。手間がかかるために世の中から忘れられた昔の料理をもう一度、作り直して世の中に出してみたい……。自分なりにそういう料理の研究もしていた。

また、コースの一品には丹波で日常に食べていた素朴な料理をつけてみたかった。たとえば、きぬかつぎに木の芽醬油をかけたり、味噌を載せて焼き、あしらいにしてみたいとも思った。寒い日には粕汁をおしのぎに出してもいいと思った。だが、それをやろうとすれば独立して自分の店を出すしか他に方法はない。

料理は自己表現だ。技術は上達しても、自分の表現ができなければフラストレーションが溜まる。自ら望んだわけでもなく始まった料理修業の日々から生まれたのは、思うとおりに料理を作りたい、自分がくふうした料理を食べてもらいたいという願望だった。

高度成長時代、日本の食事が変わった

彼が修業した十七歳から二十九歳までの間、一九五四年からの十二年間は昭和の高度成長期と重なる。その期間は江戸、明治から続いた日本人の素朴な食事の内容とスタイルが激変した時期でもあった。現代の日本人が食べている食事の内容とスタイルが定着した期間ともいえる。

一九四五年の敗戦から再独立するまでの間、食糧事情は悪く、日本政府は占領軍から脱脂粉乳、小麦といった物資を受け取って、子どもたちに食べさせた。国内での食糧不足を補うため、エジプトなどから米を輸入したこともある。

食糧事情の悪化により、途絶えていた学校給食が再開され、本格化したのは敗戦後、少

してからのことだ。救援物資の脱脂粉乳から始まり、アメリカから援助された小麦粉を使ったパンの完全給食が実施された。五四年には「学校給食法」が施行され、給食は教育の一環となった。日本全国の子どもたちがパン食に慣れたのは戦後の学校給食での体験がきっかけだ。

さらに食生活が変化しはじめたのは一九五五年頃からだ。そして一九六〇〜六九年には、炊飯器、冷蔵庫等の電化製品が家庭に普及し、主婦の家事労働が圧倒的に省力化された。五八年、インスタントラーメンが登場。六八年にはレトルト食品が発売され、七一年にはカップラーメンが出る。インスタント食品が出てきたのがこの時期だ。

一方で、米の消費は六二年が戦後のピークだ。パン、麺類といった小麦の摂取が増えたことを示唆している。この間には肉類、果物、牛乳、乳製品の消費が大きく伸びる一方で、米、麦といった穀類の消費はさらに低下していった。

「野菜や乾物を主体にした食事から、精肉、肉製品、油脂、乳製品を摂ることが増えた。インスタント食品、レトルト食品、冷凍食品の利用が多くなった」

戦後の日本人の食事内容の変化を簡単にまとめると、こういうことになる。

合わせて食事の内容だけでなく、食べ方や食事をする環境も大きく変化した。

影響を与えたのは二十世紀、最大の発明品、テレビである。テレビが出現するまで、どこの家でも夕食は家族で話をしながら食べるものだった。食事は会話とともにあったのである。だが、テレビが登場してから、家族はお互いの顔を見るのではなく、画面を見つめながらごはんを食べるようになった。

画面を見ながら食事をすると他の人がしゃべったことは忘れてしまう。会話をしていても、内容すら覚えていないことが多い。

「個食」という言葉があるけれど、テレビがついていたら、家族は一緒にいても、それぞれが見ていたのは画面だ。家族が一体になるはずもなく、ひとりで食事をしているのと何ら変わらない状況がそこにあった。そして、今、家族が見るものはテレビ番組からスマホに変わった。今ではスマホを横に置きながら食事する人も少なくない。

厳格な家庭であればテレビやスマホを消すだろう。しかし、テレビもスマホも両方とも見ない家庭は少数派だ。ＳＮＳでのコミュニケーションに気を取られ、そそくさと食事する人は少なくない。

新型コロナウィルスの蔓延以来、外食は減り、家族は毎晩、夕食を共にするようになった。だからといって、家族団らんで話をしているわけではない。テレビとスマホで情報を収集しながら黙って食事を摂るようになった。

昭和の食事の風景

西が修業していた時代、つまり、昭和の食事の風景とは次のようなものだった。

昭和三〇年代、まだテレビがやってきたばかりの頃、初めのうちは食事中は見てはいけないものだった。だが、一年もしないうちに番組を見ながら口を動かすようになる。テレビ局も夕食の時間に視聴率が取れるような番組を編成するから、その強い力の前には誰もあらがうことはできなかったのである。

その頃の食事の時間は短かった。酒を飲むのは家長だけだ。いわゆる晩酌である。せいぜい日本酒で一合のことで、家族と一緒の食卓で、べろべろになるまで飲む男はいなかった。食事にしても、おかず一品、二品とご飯を一杯か二杯食べることだったから、それほど長い時間はかからなかった。そして、通常、デザートは食べていない。食後に、庭に生《な》っていた、いちじくや柿を剝く。あるいは到来物の西瓜、梨、りんご、みかんを食べることはあった。しかし、食後に洋菓子店で買ったケーキやプリンを日常的に食べる家庭はなかったと言っていい。

外食もまた日常のことではなかった。

一家の主人をのぞけば外食の機会はなかったと言えるだろう。家族でデパートに買い物に行った折、お好み食堂へ行き、ハンバーグ、カレー、スパゲティナポリタン、お子様ランチを注文して食べることはあった。だが、寿司店やフランス料理店へ家族で行くのは一部の富裕層で、しかも主人が外食に慣れている家庭だけの話である。

一家の主人が友人、会社の同僚と食事をする場合、外食することもあったが、自宅に招くことも少なくなかったのである。

その際に主婦が酒肴や料理を作るのだが、鰻、寿司の出前を取ることもあった。その場合でも、西が言ったように、すまし汁（味噌汁ではない）などの椀物は主婦が手作りするのが習いだった。

わたしは祖父が軍隊時代の部下をうちに呼び、夕食を一緒に摂っていた場面を覚えている。鰻重の出前を取り、祖母と母親がやかんで温めた徳利と一緒に客間に運んでいった。子どもだったわたしは隣室の欄間の隙間から祖父と客の宴席を見ていた。客は目の前にあった鰻重の半分をきれいに残し、「お孫さんに」と言った。鰻重のような高級な店屋物は、たとえ客であっても全量を食べてはいけないという不文律のような習慣が確実にあったと思う。祖父の元には月にひとりは客が来ていたけれど、鰻重を半分残した客はその人ひとりではなかった。

客が来た日の翌日、わたしは客が残した鰻重を夕飯に食べた。もっと来客が増えて、いつも半分残してくれるといいのにと切に願った。それくらい、外食も店屋物を取ることも一般家庭では日常のことではなかったのである。

食のビジネスが活況になる

高度成長の終わり頃になると、食事と会話が結びついているシーンは家庭ではなく、外へ食べに行く時に変わった。外食にはプロの料理を味わうことだけでなく、家族、恋人、友人と話をする楽しみの追求という側面もある。

外食が増えたきっかけは、チェーン経営によるファストフードやファミリーレストランの登場からだ。

一九六九年三月、第二次資本の自由化により、飲食業が自由化業種に指定され、ハンバーガーのマクドナルドを始めとするアメリカの外食企業が日本に進出してきた。翌年以降、国内チェーンも含め、外食店が増えていった。

この変化は一九六〇年と二〇〇九年の数字を比較すると、よくわかる。

食料品製造業の出荷額は六〇年の一兆八二九三億円が〇九年には二四兆四四八一億円へ。

外食店舗数は二二万九九六二軒から七二万四五五九軒へ。

飲食料品小売業の年間販売額は一兆八五二六億円から四〇兆八一三三億円へ。

飲食店が増えれば働く人も増える。料理人になるための調理師学校が現れて成長する。素人も料理教室をやるようになる。そして、店や料理人について報じるメディアが増えてきて、食の周辺ビジネスが活発化する。

「グルメ」「三ツ星」「まったりした味」といった料理の用語が日常会話に登場するようになり、世界から運んできたさまざまな食材が町のスーパーに置かれるまでになった。

その結果、料理人の地位が向上した。西が働き始めた頃は「料理人風情」と呼ばれていた職業が今では一流になれば「芸術家」「アーティスト」と持ち上げられる存在となったのである。

一九七〇年代の後半からファストフードやファミリーレストランができて外食が日常の風景に変わった。仕事仲間との打ち合わせを兼ねた食事もそれぞれの家庭を訪問するのではなく、新しくできた飲食店を使うようになった。飲食店で働く人々が増え、調理の技術も進歩していく。ただし、できる端からつぶれていくことも多く、そのなかで流行る店、評価の高い店となるのは簡単ではなかった。

西が、修業した料理屋をやめて独立を考えるようになったのはちょうどそういう時だったのである。

西健一郎の話

夏の味――鱧の顔

「梅雨の水を飲んで、鱧はおいしくなる」

京都ではそう言います。本来は梅雨が明ける頃から、献立に載せるものでした。けれども、丸々太った、いい鱧が揚がるようになったら、少々、早くてもお客さんに食べてもらいたくなります。鱧はウナギ目ハモ科の魚です。鰻ほどではないけれどビタミンAの含有量が多く、夏バテを乗り切るのにいい。それで夏になると、鱧、鰻、そして穴子などを食べるようになったのでしょう。

その鱧ですが、私は釜山沖で獲れたのがいいと思う。天草、淡路、徳島の鱧もいいけれど韓国の釜山沖がいちばんです。

京都の人は昔から鱧をよく食べました。生命力の強い魚ですから、冷蔵設備がない時代に瀬戸内から運んできても、死んだりぐったりすることがなかった。それで京都では鱧料理が発達したのでしょうね。

獲れた鱧は港の生け簀で一晩寝かせて、それから締めます。「一夜活け」という言葉がありますが、獲ってすぐに締めるのでなく、身が早く硬直しないようにする。そうやって運ばれてきます。

鰻は生きたまま頭のところに目釘を打って、さーっと開いていきます。一方、鱧は締めたものを調理する。

「どうして、鱧は生きたのを店で料理しないんですか?」

私はそう聞かれて、「いや、とんでもないですよ」と答えたことがある。鱧は体長一メートル近くにもなる大きな魚です。それにあの顔と歯。人間の指なんか、簡単に食いちぎってしまう。実際に港で揚がったばかりの鱧を見たことがあるのですが、鱧の口には釣り針と糸がついたままでした。漁師も食いつかれるのが怖いから、も無理です。

糸を切ってしまう。それくらい獰猛《どうもう》な魚だから、生きたのを店でさばくなんてとて

祇園祭と鱧

京都の料亭で修業していた頃、祇園祭が近づくと、どの店でも毎晩、鱧料理を作りました。まずは、鱧の落とし。落としは骨切りをしながら、一切れ二センチくらいに切り落とし、湯通しする。そして、氷のかけらをひとつかふたつ入れた水で、さっと冷やして食べる。大量に作る店は、できたものを冷蔵庫で冷やしてしまうけれど、落としは作りたてがいちばんですね。冷蔵庫に入れたら確実に味は落ちます。

鱧の落としはたいてい梅肉につけていただくようになっていますが、私は梅の果肉を山葵《わさび》と一緒に醤油に入れ、鱧にちょっとつけて食べます。梅肉にする梅干しは古いものでなく、新物がいい。「おばあちゃんの代から漬けている」ような古漬けの梅干しは塩がしみ込みすぎていて塩辛い。それに果肉も少ない。梅肉醤油は果肉の多い新物の梅干しで作ることです。

他に、鱧料理と言えば、鱧焼き、鱧寿司。どちらも鱧を醤油味のたれでつけ焼きしたものを使います。たれは酒、醤油、味醂を二対一対一の割合で混ぜて、鍋で沸かします。そのとき、鱧の骨を焼いたものを加えるとたれの味にコクが出ます。鱧

に限らず、魚のつけ焼きを作るときはたれに骨を焼いたものを入れるといいでしょう。私は鯛の中骨を使うことが多い。

祇園祭と言うと、京都の人はとにかく鱧を食べます。私が修業していた頃、芸妓さん、舞妓さんに出前をしたのは、鱧まぶし、鱧茶漬けでした。鱧をつけ焼きしたものをご飯のなかに入れて、上にも載せるのが鱧まぶし。鱧茶漬けは白いご飯に鱧の刻んだのと山葵をのせて煎茶をかける。お座敷に出る前にちょっとお腹を膨らませるのにちょうどいい。祇園祭の時期は芸妓さん、舞妓さんも忙しく、お座敷を飛び歩いていますから、何も食べずにいたら体が参ってしまう。そんなとき、鱧は精がつく。量が少なくとも元気に仕事ができる。

僕らも忙しかった。鱧の骨切り、料理、お茶屋さんへの出前……。祇園祭は山鉾の巡行だけが祭りではありません。一か月くらいにわたって、さまざまな行事があり、その間、京都の人は鱧料理を食べる。親方から小僧までフル回転で働かなくてはならない。お風呂屋さんで汗を流すのは夜中になります。

私は一度、お風呂屋さんの帰りに、自転車に乗って長刀鉾《なぎなたほこ》を見物に行ったことがありました。長刀鉾は巡行のとき、いつも先頭になる山鉾で、唯一、お稚児さんが乗ります。地上二五メートルになるもので、見上げたら夜空にそびえたっていました。私が経験した祇園祭は鱧の料理を作ることと、夜中に一度だけ、長刀鉾を見に行ったことです。

骨切り

関西では、鱧の骨切りができなければ一人前の料理人にはなれません。昔から「一寸三十三切れ」と言われていて、一寸（三〇・三ミリ）を三十三切れに骨切りしろと教えられます。しかし、実際には一ミリ幅にまで薄く切るのは不可能でしょう。それくらいの気持ちで細かく骨切りしろということです。若い頃は魚屋さんから鱧を買って、仕事を終えた後、調理場に残り、一人で練習しました。仲のいい魚屋さんに「これ、あげるわ」と鱧をもらったこともありました。

骨切りはとにかく繰り返すしかありません。次第にコツがつかめてくる。最初は恐る恐るやっているから時間がかかるし、手も動きません。誰でも最初のうちは失敗です。やっているうちにリズムよく、大胆に、大きな鱧包丁を動かすことができるようになります。

下手な人が切ったのは小骨が切れていません。

それは骨切りでなく「骨押さえ」と言うんですよ。上から骨を押さえただけで、これはもう食べられませんね。鱧の骨は針と同じ。細いくせにバネがあるから、喉に引っかかったら、ご飯を飲み込んだくらいでは取れません。骨押さえの鱧の落としなんて、おいしいまずい以前に、恐ろしくて食べられたもんじゃない。骨押さえの反対が「暖簾《のれん》切り」。皮まで切ってしまうから、湯引きすると、暖簾みたいな形になってしまう。これは食べられますけれど、お客さまには出せません。店では、どうしても鱧のしっぽのところが残ってしまう。京味では、それを若い人たちが練習するのに使ったり、酒、醤油、山椒で炊いて、まかないのおかずにします。

私が好きなのは鱧あられ。細く切って、葛粉をまぶしてカリッと揚げたものです。

涼しさの演出

夏は料理だけでなく、涼しさを演出することも必要です。むろん、お客さまにはビールなり、冷茶なり、冷たいものをまず差し上げるのですが、それだけではなく、料理のなかにも涼しさを演出しなければならない。

涼しさの演出には二通りが考えられます。ひとつは器の選び方でしょう。鱧の洗いや水貝を出すときはギヤマンの器がいい。美しいガラス器は見ているだけで涼を呼びます。そして、ガラス器を使う場合は小鉢や刺身が多いけれど、時には焼き魚を盛ることもあるんです。ガラスの皿に蓼の葉を敷いて、そして焼き鮎を載せると粋な感じになる。ただし、焼き魚にガラス器を使うのでしたら、前菜、刺身は他の器にします。

何から何までガラス皿ではかえって涼しげには見えません。ガラスの器はあくまでアクセントです。どれか一皿でいい。

夏になると料理に氷を添える料理人は多い。でも、氷の使い方は難しいのです。皿に氷を盛り、直接、刺身を置いたりすると、どうしても冷えすぎてしまう。皆敷《かいしき》を敷いたりするくふうが要ります。

もう一つ、ガラス器や氷に頼らずに涼しさを演出するとすれば、料理自体が爽やかに、涼しげに見えるものを出すこと。たとえば、みぞれ和えです。みぞれ和えとは大根をおろして材料と和える料理で、暑い季節に出すと、見た目に涼しさを感じていただける。お客さまの目の前で和えるわけですから、カウンター割烹に向いている料理とも言えるでしょう。

だしで食べる

素麺は夏の麺です。私は素麺はだしで食べるものと思うんです。めんつゆを使うのではなく、自分でちゃんとだしをとる。だしなんて、誰でも簡単にとれるものです。手間を惜しまずに作ってみてください。

子どもの頃、母親が素麺を茹でてくれました。ただ、あの頃のはちょっとよそいきというか、贅沢なものだったんですね。

「今日は、人が来るから素麺を茹でようか」と言ってました。うどんや冷や麦の場合はそんなことは言わず、家族だけで食べるものだった。素麺はよそいきの料理だったけれど、お客さんに出すのにたくさんの具を載せたわけではありません。錦糸玉子と干し椎茸を煮たものくらいで、せいぜい茗荷《みようが》を添えるくらい。

素麺はたっぷりとした量のお湯で茹でます。大きな鍋に湯を沸かし、ぱらぱらと入れる。茹でる時に差し水をする人がいるけれど、私はやったことありません。なぜ、あれをやるのかがわからない。噴きこぼれないよう火を加減すればいい。一分少々したら麺を箸ですくって、透明になったかどうかを見ます。そして、ザルに上げて、水のなかでしごいて洗う。ぬめり、油、塩分を落とすんです。できあがりを氷水に放す人もいるけれど、そうすると、ふやけるでしょう。私はそのままザルに盛ります。

よく、「素麺は古いものがいい」と言います。しかし、あまりに古いと油が回ってしまうから、作って二年寝かせたものくらいでいいんじゃないでしょうか。

京味では、暑い日に素麺を用意します。前菜のすぐ後です。小さな器に、二口で食べられるくらいの量を入れ、つゆも一緒に飲んでもらいます。具は錦糸玉子、干し椎茸、そして、海老。具はそれで十分。

八方だしのとり方

私がおかずを作る時に使うのは八方だし。名前の通り、四方八方に使える便利なおだしです。八方だしのことは二番出しとも言います。一番だしをとった後の鰹節と昆布を使います。一番だしは風味を楽しむものですから、時間をかけずにさっととります。一方、八方だしはうまみとコクが大切です。じっくりと煮て、とるだしです。

八方だしを使うのは魚や野菜の煮物、おひたしです。おひたしには特にいいでしょう、野菜を湯がいてあくを取るので、八方だしのうまみを足さないと味が抜けてしまいます。

八方だしは一番だしをとるのとはまた違ったやり方をします。一番だしは昆布の風味を出してから、鰹節を加えて短時間でとる。八方だしは一番だしをとるのに使った昆布と鰹節を最初から一緒に入れます。まず、鍋に水を張り、すでに使った昆布と鰹節を入れて弱火にかけます。火をかけたらすぐに追加の新しい鰹節を加え、鰹節が沈むのを待ちます。鰹節が沈んだら、追加の昆布を加えて、弱火で五分間、煮出します。沸騰しないように気を配ること。時間をかけて、丁寧に煮ていくと、昆布と鰹節のうまみがじわじわと出てくるのです。

できあがりのだしから昆布、鰹節を漉《こ》すのですが、一番だしのように、熱いまま、漉したりはしません。火を止めて、だしが冷めるまでそのままにしておく。そうすることで、うまみが全部とけ出したコクのあるものができます。

このだしを天つゆにするには醬油と味醂を少々加える。あくまで少々です。たくさん入れるとしょっぱくなる。天つゆは、飲んでも塩辛くないように作るのです。そうそう、かやくご飯を炊く時に使うのも八方だし。お揚げ、人参、牛蒡《ごぼう》、こんにゃく……。かやくご飯の具はそれくらいでいいと思います。

素麺のつゆ

素麺を京味で出す場合は、一番だしに追い鰹、昆布をして、八方だしにしますが、ご家庭では、直接、濃いめのだしをとればいいでしょう。

一番だしをとる場合の鰹節の分量に加えて、煮干しや鯖節を足すか、もしくは最初から鰹節の量を二倍に増やす。ただ、一番だしの場合は鰹節を入れてからすぐに火を止めるけれど、素麺のだしは五分ほど、弱火で煮てください。そうすると、濃いめのだしになります。昆布、鰹節とも、長い時間煮ていくと渋みが出てくるから、せいぜい五分まで。和食のだしは短時間でとります。

前記の分量の濃いめのだしができたら、そこに醤油を少し入れる。味見をして、やや塩加減が効いているなと感じたら、味醂をほんの少しだけ加えます。この時、「味醂が入っているな」と感じる量を入れてはいけません。あくまで、塩辛さを抑えるためのものですから。醤油だけでもいいくらいです。

調味料の使い方

素麺つゆの塩加減がよくわからない?

そうですか。わかりました。ちょっと待っていてください。

(きっかり三分後、調理場から、素麺とつゆを持って登場)

さあ、食べてみてください。具はありません。素麺に柚子の皮をおろしてふりかけただけです。素麺のお味はどうですか。つゆも一緒に飲めます。塩辛い味にはなっていません。だしに醤油を少し入れ、味醂もほんの少しです。だしの味が勝っているわけでもないし、塩辛いわけでもない。まして、味醂を入れたとは思えない味に仕上がっているのではないでしょうか。極端なことを言えば、塩辛くない醤油をだしでのばした味とでも言いましょうか。

吸い物、おつゆを飲んで、「味醂が入っている」「酒の味がする」とわかるようではダメです。一口飲んで、「ああ、おいしい」と感じ、もっと飲みたくなるのが吸い物であり、つゆだと私は思う。ただ、おそばのつゆだけは別ですよ。あれは塩辛さがなければ、そばがおいしくならない。

素麺のつゆはあまり塩辛くしないこと。醬油をほんの少しだけ入れて味見してください。塩気が勝ったつゆだと、あとで喉が渇いてしまう。家庭で作るときは可能な限り薄味を心がけることです。

料理は温度

素麺のつゆができたら、それで湯豆腐を食べるのもいい。豆腐がするすると喉を通っていきます。ポン酢で食べるより、私は湯豆腐には素麺のつゆが合うと思う。ああ、そうだ。湯豆腐でなく、冷や奴でもいい。一度、試してみてください。豆腐の味を引き出してくれます。

そうそう、京都の料理屋で修業していた頃、今ではもうなくなったと思うのですが、木屋町に深夜までやっているお惣菜屋さんがあったのです。おばあさんがひとりでやっていた小さな店で、名前は……うーん、ちょっと出てこない。

そこは夏でも湯豆腐があって、素麺のつゆで食べさせるんです。あれがほんとにおいしかった。店のなかには魚の干物が並べてあって、カウンターにはほうれん草を黒胡麻で和えたもの、人参の新芽のおひたし、小芋やお揚げの炊いたものがすり鉢に入れて並べてありました。僕らはお腹が減っていたから、若狭もの（若狭カレイの干物）を焼いてもらったり、人参の新芽のおひたしをもりもり食べたり……。酒を飲む人もいたけれど、僕はお腹いっぱいになるまで食べました。

湯豆腐に素麺のつゆをつけるのも、おばあさんの店で教わったことです。そして、思えばあの店に限らず、昔は和え物やおひたしは冷蔵庫には入れなかった。今の料理人は和え物でもおひたしでも何でも、作ったらすぐにステンレスのボウルに入れて冷蔵庫へ。それでは冷やしすぎです。

和え物、おひたしは常温に近いくらいがおいしいんであって、冷たければいいというものではありません。歯が浮くような冷たさでは、うまみを感じません。

それに、料理を冷たくすれば涼しさを感じるわけでもないんです。たとえば、柚子の皮をふった素麺です。冷やしたわけではないけれど、素麺に載った緑色の柚子が涼しさを感じさせる。あまりに冷たいものはおいしいもんとは違います。そう思いませんか？

料理は温度が大事です。私は和え物をすり鉢で合わせたら、ステンレスのボウルには入れません。土物の紅鉢《べにばち》に入れて、木の蓋を載せておく。ほんのりと温かさが残ったくらいがおいしいんです。

はい？　紅鉢がわからない？

そうですか。紅鉢をご存じありませんか？　とても便利なものです。京都へ行けば手に入ります。うちでは今でも和え物を入れる器として使います。では、紅鉢について話をしなくてはいけませんね。

紅鉢のこと

紅鉢は糸底のない丸い形の陶器で、煮物や仕込んだ材料などを入れておくものです。昔はステンレスのボウルなんてなかったでしょう。家庭にも料理屋の調理場にも必ず紅鉢が置いてあって、筍、冬瓜《とうがん》、茄子の煮たものなどを入れていました。だしがあるものは紅鉢を使い、いんげんの胡麻和えのような和え物はすり鉢に入れました。

なぜ、紅鉢という名前がついているかはよくわかりません。料理の本には「紅色の顔料を摺《す》るための器に似ているから」と出ていましたけれど、果たして、それが正しいのかどうか。子どもの頃の記憶では、紅色をした鉢があったように思うのです。

今、うちの調理場で使っているものは鶯色《うぐいすいろ》で、鉢の縁が張り出した形をしています。持つときに、縁をつかめるようになっているのですが、けっこう重いものなので、落とすと割れてしまう。

京都で修業していた頃、紅鉢を何度か落として、壊しました。「落としました」と言うと、こっぴどく叱られるから、黙って陶器屋さんに買いに行き、少ない給料のなかから代金を支払いました。清水（寺）さんの近くに陶器屋さんが何軒もあります。軒先に荒縄で縛った紅鉢がいくつも転がっていて、そのなかから選ぶんです。サイズの違う紅鉢が組み合わされていて、まとめて荒縄で縛ってある。

京都のおばんざい屋さんへ行くと、さっきのおばあさんの店だけでなく、カウンターの上にずらっとすり鉢や紅鉢が並んでいて、そこに茄子、鰊、海老、菜っ葉とお揚げのような惣菜が入っている。お客さんは「おばちゃん、茄子を三つと鰊一つや」とか「茄子だけでええわ」といったように注文するんですよ。

伏見唐辛子

寄せ唐辛子という料理があります。使うのは伏見唐辛子のような、辛くない唐辛子ですね。唐辛子は縦半分に切って、なかの種を取り除く。塩をひとつまみ入れた湯で、ほんのちょっとだけ茹でる。唐辛子の水気を抜いたら、まな板の上で重ねてから流し箱に入れ、泡立てないようにした卵の白身を流し込んで蒸します。

伏見唐辛子は塩茹でしてありますから、調味料を足す必要はありません。寄せ唐辛子は前菜のひとつに使うこともできます。

伏見唐辛子は夏に出回ります。伏見甘とかひもとうがらしと呼びます。紐のように長いから、ひもとうと言うのでしょうか。

同じ京野菜に万願寺唐辛子があります。これは伏見唐辛子と別の大型唐辛子を掛け合わせて作ったもので、舞鶴市の万願寺地区で栽培されていました。

私は一度、肉厚の万願寺を容器にして、海老などを入れた茶碗蒸しを作ったことがあります。すると、うちの親父（音松）から「要するにお前は変わったことがしたいんやな」と言われて、恥ずかしかった……。

その通りでした。何か目新しいものを作りたい気持ちが先走った料理でした。親父は続けてこう言いました。

「料理は季節になったら材料が教えてくれる。余計なことを考えんと、材料を見て作れ」

かぼちゃのおかず

かぼちゃの甘煮。夏から秋にかけて、よく作るおかずです。かぼちゃのような甘みが強くて味のある野菜に、だしはいりません。まず、鍋に水を入れ、面取りしたかぼちゃを加えます。六割方、火が通ったら、砂糖、醤油、ほんの少しの塩で調味する。調味料は慌てて入れるものじゃありません。ある程度、火を入れてから調味料を加える。それが基本です。

かぼちゃは甘煮だけでなく、南京豆腐もいいでしょう。蒸して裏漉ししたかぼちゃの実を葛でまとめると、ちょうど胡麻豆腐のようなものになります。山葵醤油で食べてもいいし、練った味噌をのせてもいい。冷やして食べると夏の味です。私はかぼちゃの甘煮が好きですけれど、欲しくなくなったら、ああ、夏が終わり、秋がきたんだなと感じます。

料理は盛りのものを

さよりは春のもの、鱧、鱸《すずき》は夏のものと、鮮魚はその時期しか獲れないものがまだあります。でも、野菜は年じゅう、店で売るようになりました。それでも、春の筍、夏から秋の茄子、胡瓜、かぼちゃは盛りの頃がおいしい。旬の味がいちばんなんです。走りは走りの味、名残は名残の味とそれはそれで大切ではあります。でも、私はもっともおいしい時期の材料を使えばいいと思っています。おいしさもそうですし、値段も高くないからです。

京都はいろいろな野菜があるでしょう。修業時代に言われました。

「お野菜を上手に料理できないやつは料理人としてダメだ」

肉、魚はそのものがある程度の味を出します。しかし、野菜は無理やり味をつけようとしても言うことを聞いてくれません。こちらから、だしで迎えに行くことで、初めて特有のうまみを出してくれる。それが野菜です。野菜の料理の仕方です。

第三章

初秋

——東京の味

独立へ向けて

料理屋の真になってからのこと、西は後輩や新人の追いまわしに対するいじめをやめさせた。理由は、自分がほんとうに嫌な思いをしたからだ。

彼自身も後輩をいじめたことはない。しかし、叱ることはあった。

「この仕事をよう覚えとけ」

「お客さんの前でみっともないことをするな」

仕事や行儀を教えるための叱責で、後輩が憎いから叱るのではなかった。

雇われていた時代、先輩たちのお気に入りではなかったが、後輩からは慕われた。仕事の後、おばんざい屋に出かけていって、みんなで食事をしたり、酒を飲んだりした時は可能な限り、金を出した。そのための金は給料だけでは足りなかったから、すっぽん料理の際、残った胆囊《たんのう》だけを分けておいて、乾燥させ、それを漢方薬の店に売りに行かせたこともあった。漢方薬店はすっぽんの胆囊を強壮剤として高く買ってくれたのである。

そうして、手元に戻ってきたお金はすべて後輩たちのために使った。食事に連れていったり、酒を飲ませたり、あるいは野球チームを作って、ユニフォーム代にも充てた。素っ気なくて無愛想だけれど、後輩にはやさしかった。

全国から京味へ入門してきた料理人が多かったのは、技術を覚えたいのがいちばんだったが、弟子たちは西がフェアな男だとわかったからだろう。

客としてカウンター席から見ていると、厳しさが目につく男だったが、仕事が終わった後、西は弟子たちを食事に連れていった。安い居酒屋へ行くのでなく、高級店へ連れていった。海外旅行にも連れていく。そういう金を惜しんだことはない。

もうやめなければならない

真になってから待遇は変わった。朝になると、自宅まで店の人間がライトバンで迎えに来るようになった。まかないでも西ひとりのためにご飯を炊いてくれるようになった。追いまわしの時代こそ、つらかったけれど、真ともなれば、二十代後半の若者にはかなりの厚遇だったのである。親方はいたけれど、実際に十五人もの料理人の采配をまかされたのは彼だった。

しかし、炊きたての温かいご飯を食べながら、少しも満足はしていなかった。

「これで終わってはいけない。ここは自分の店じゃない。自分の味ではない。もっと勉強して、自分の店を持たないかん」

仕事をしながらも、西は料理の本を読み、何か新しいくふうはできないかとそればかり考えていた。

そんなある日、親方から呼ばれた。

「今度、ひとり入る。お前が選べ」

そう言われたのである。

当時、人手が足りなくなると、料理屋は調理師の入方《いれかた》（紹介所）に連絡する。すると、そこから助《すけ》と呼ばれる料理人が回されてくる。通常、やってきた料理人の腕前を見るのは親方だが、西はその役をまかされたのだった。

京都でも指折りの名店が頼んだのだから、入方も腕の立つ人間をよこす。腕前は確かではあるだろう。しかし、どういった仕事のやり方をするのか、仲間たちともめ事を起こさないような人間なのか、給金は日当なのか月給なのか。また、払う金額はいくらなのかを決めなければならない。

そのためには実地試験をしなくてはならない。煮方の助であれば、高野豆腐とおからを炊かせるのが一般的だった。

助はすぐにやってきた。

親方は西に「調理場で腕を見ろ」と言った。西は煮方の助に高野豆腐とおからを見せた。

「おい、これを炊いてくれ。終わったら、帰っていいぞ」

料理人は初めて入った調理場で、だしをとり、高野豆腐を煮た。野菜を刻んでおからを煮る。西は横について見るわけではない。親方と一緒にできあがりを食べて、腕前を見る。一口食べて、「まあ、こんなもんだな」と思った。大の上手ではないけれど、不合格ではないといった実力だと思われた。

なんといっても高野豆腐とおからはどちらも味がない材料だ。ちゃんとだしをとって、味つけをしないと料理にならない。高野豆腐とおからには助の腕前が反映される。

その時、学んだのは料理人の腕前を見ることだった。それは料理人ではなく、料理店経営者になるための勉強になった。西は真になったことで、知らず知らずのうちに料理店の経営を学んでいたのである。

彼は計画的に人生を準備する男ではない。危機に立つと、「ええい、イチかバチかやったる」と出たとこ勝負で乗り切っていった。職人気質《かたぎ》で、材料に金をかけられるだけかける男だから、決して経営者向きではない。ただ、後輩の面倒を見たり、野球チームを作ったりとリーダーの片鱗はあった。そして、料理人の腕を見る目は誰よりも確かだった。そうした要素が彼を経営者にしていった。

幻の祇園の店

二十九歳で西は京都の店をやめた。十二年間、その店にいたことになる。最後の仕事は六月一日。可愛がってもらった裏千家の宗家、十五代千宗室（現・千玄室）からの依頼だった。

宗室は海軍予備学生から特攻隊に志願し、敗戦後は日本と世界に茶道を伝道している。茶道界からの初の文化勲章受章者だ。

名もない若者だった西に優しく接してくれた大恩人である。恩義を大切にする西は宗室に頼まれた仕事の前にやめることなど考えられなかった。だからどうしても裏千家の茶事に出す食事だけは務めて、それから独立することにしていたのだった。

そして、店をやめる一か月ほど前までは、祇園のある場所に店を開くつもりでいた。

ところが、それまで付き合いのあった業者がいずれも、「あんたには悪いけどな……」と、新しい店に素材や物品を納入することはできないと言ってきたのである。

「どうして？」と聞いても、理由は教えてくれない。

「それなら他の魚屋さんに頼むか」と西はいくつかの店に聞いてみたが、どこも口を閉ざし、「健ちゃん、勘弁してや」と呟くばかりである。

何度も理由を訊ねると、やっとわかった。

親方が付き合いのある業者に「あいつの店に品物を入れるな」と伝えていたのである。

事情は次のようなものだった。同じ店の出身者が祇園の近くで店を開きたいと親方に相談し、親方もまた、その弟子に店をやらせたかった。親方は西が祇園で料理屋を始めたら、客を取られると思ったのだろう。そこで、親方は付き合いのある業者に「西とは取引するな。もし、あいつの店に入れたら、うちとの付き合いはやめてもらう」……。

大半の仕入れ業者から「あんたには協力できない」と告げられたら、もう京都では店を出すことはできない。ホテルの和食部に勤めるか、他の店に移って、独立の時期をさらに先に延ばすのか……。

西はちょうど、弘子と結婚したばかりだった。ふたりで新しい店を始めようと意気揚々としていたところだった。しかし、もうそれはできない。二十代の若者にとっては煩悶《はんもん》する日々だった。念願の独立が決まったのに、勝手を知る京都では店を出すことができないのだから……。

そんな時、ある人がアドバイスしてくれた。

「あんたな、意地悪に負けたらいかん。しかし、親方を相手に戦うのもまたバカなことだ。幸い、あんたの嫁さん、東京の人やろ。東京の広い空の下で仕事をしたらいい」

なるほど、そういう道もあるかもしれないと思った。イチかバチかやったる。京都に未練はない。そう思うとファイトが出てきた。しかし、西はそれまでに一度も東京へ行ったことがなかった。それなのに、「東京へ行く」と決めた。

京都を離れると決めて、西は裏千家の千宗室の元へ挨拶に出かけた。

宗室は「西くん、おめでとう」と笑った。すべての事情を知ったうえでのことだ。そうして、「新しい店には名前がいるな」と筆を執って色紙に店名を書いてくれた。

「京味」

西は「京味」と書かれた色紙を見て、感極まった。色紙を大切に懐に抱えて家へ戻り、弘子に見せた。

「オレは東京に旗を立てるから」

弘子はこみ上げる涙を拭きながら、何か言おうとするが、言葉にならない。夫の手を取るだけだった。

西は感激した。しかし、心のうちは不安だった。その夜、彼は初めて泣いた。蕎麦殻の枕が乾くことがないくらい、涙があふれ出てきた。

三人の恩人

そうして石もて追われるごとく京都を出て東京へ向かった。店は新橋の西口通りに決めていた。その場所は弘子の実家である呉服店が営業していたのだが、一階を貸してくれることになったのである。新しい店は決まり、木造家屋の一階を改修する工事も始まった。

彼が三十歳の時だ。

実は、上京を決めた時、三人の人物が西に声をかけてくれた。

ひとりは神戸で鮮魚の卸しをやっていた目利きの宮田典一である。宮田は追いまわしの頃から西を可愛がり、「健ちゃんか。わしやけどな。鯛でも鱧でも、地の魚は何でも送ったる」と言ってくれた。

宮田さんなりの「東京で頑張れ」という激励だった。

次は京都の青果店「八百平」の主人、古嶋章二だった。

「東京やったら、野菜でも何でも送りますわ」

三番目は父、音松の友人、陶芸店「仁平」の平野仁平である。

「音松さんから頼まれたから」

平野はそう言って、「京味」のために、皿、小鉢から湯飲み茶碗まで、ひとりの客につき三十客をセットとし、それを三十人分、焼いてくれた。音松は「湯飲み茶碗には四季の絵を描いてくれ」と頼んでいた。本来、器は季節で替えなくてはならない。そうすると、カネがかかる。音松は息子の懐を思って、ひとつの茶碗に春夏秋冬の景色を描いてもらうことで、年じゅう使える特別製の湯飲み茶碗にしようと思ったのである。

こうして、三人が助けてくれた。

そして、東京へ出ると決めた西に三人の弟子もついてきた。

「西さんがいなくなったら、僕らは親方からいじめられます。東京へ連れていってください」

三人の後援者と三人の弟子。

彼は逆境のなかでも運を持っている男だった。

客は来なかった

一九六七年の十月十日、京味は開店した。その日の夜は常連客の計らいで、カウンター八席の店に京都から五人の客が足を運んでくれた。だが、その後は……。

翌日からは毎日、開店休業のような状態になってしまったのである。京都からついてきた三人の弟子たちも拍子抜けの様子で、ただただ料理の下ごしらえをするしかなかった。西は調理場でじっとしているのがつらくなり、新橋駅のガード下にあった時代劇専門の映画館で時間をつぶした。仕込みを終えた午後になると映画館のいちばん後ろの席に座り、毎日、同じ映画を見た。

「また、このシーンか。この後もようわかってる」

そう思ったけれど、調理場にいたら、いらいらしてしまう。店の空気を変えるために自分は外にいることにしたのである。ごくたまに、夜の予約が入ると、弟子が息せき切って、映画館まで呼びに来る。扉を開けて、西のそばに近寄り、耳元でささやいた。

「親方、お客さんです。お客さんが来ます」

弟子が呼びに来ると、いそいそと立ち上がり、映画館を出て、店へ。当たり前のことだけれど、いくらおいしい料理を作っても、客が入って食べてくれないと、店は続かないのである。閉店した日まで京味は盛況だったが、開店当時は予約がなくても、ふらっと入って、夕食を摂ることができた。

京味に客が来なかった理由は知名度の不足だった。現在、新しい店を開くとグルメ情報を伝えるメディアがやってくる。友人知人、グルメアプリがＳＮＳで拡散してくれる。料理やグルメの世界で情報を発信しているプロのジャーナリストが大勢いるから、必ず誰かが試食しに来て、おいしいと思えば勝手に広めてくれる。

ところが、当時は飲食店の専門雑誌があるくらいで、宣伝する方法がなかった。

西は東京には知人も友人もいない。店ができたことを知らせる相手もいなかったから、新聞や雑誌が偶然、見つけてくれるまでは、何もすることがなかった。

また、新橋という場所も決してよくはなかった。昔も今も料亭や割烹を使う客はビジネスマンだ。それも課長、部長といった管理職以上だろう。そして、彼らが接待で使う料亭、割烹などの和食店があるのは銀座だった。もしくは日本橋、柳橋、赤坂かもしれない。同じ新橋でも、料亭ならばまだ接待に使ってもいい。ところが、いくらおいしくても、新橋のカウンター割烹は接待向きとは言えなかった。ビジネスマンにとって新橋の店とは自分の金で食べに行くところだったのである。ただし、京味が名前を上げていくにしたがって新橋のイメージもカウンター割烹のイメージも変わっていく。
もうひとつ、忘れてはならない点がある。当時の東京にはまだ本格的な京料理の店は少なかった。

「吉兆」「浜作」という関西から来た第一級の日本料理屋はあった。しかし、その他の店は京味のように、京都の野菜、京都の魚を運んでくるようなことはしなかった。そして、その頃の東京のビジネスマンは京料理の存在は知っていたけれど、鱧、若狭ぐじの本場の味をちゃんと知っていたかと言えば、そうではなかったのである。

さらに言えば、カウンター割烹を「止まり木」と呼んで嫌う人がいた。

京味にやってきても扉を開けるなり、「なんだ、この店は止まり木か？」と呟いて、帰ってしまう客もいたのである。

今でこそ、ライブ感のあるカウンター割烹は座敷で食べる料亭よりも人気が高い。だが、昭和のその頃、東京では、和食と言えばまだ座敷で食べるのが正統派だった。

ちなみに、カウンター割烹が始まったのは大正時代だ。山本為三郎の著書、『上方今と昔』（一九五八年／文藝春秋新社）にこうある。著者の山本為三郎は朝日麦酒社長。次にあるような言葉で知られる名だたる食通だ。

「贅沢を知っていることは必要だけれど、贅沢をしてはいかん」

「高い材料を使えばおいしくなるわけではない。菜っ葉でもおいしく炊けばおいしいいんだ」

山本は腰かけ割烹の起源について、見てきたことをそのまま書いている。

「そういえば、客を椅子に腰かけさせて、その目の前で、おでんとかそういうものでなく、ちゃんとした料理を食べさせる。これも大阪人の始めたものです。これが関西で始めて、東京へ出て来て大成功をおさめた。いちばん初めに大阪の、今のガスビルの裏あたりに『丸治』という腰かけ料理があった。今から四十何年前のことです。その『丸治』にいた人間が独立してやったのが『福丸』という、御霊さん（御霊神社／淀屋橋）の前の店です。『福丸』で勉強したのが『問答有用』（徳川夢声の対談）に登場した井上梅で、現在の『丸梅』です。

この椅子式を大々的に昭和の初めにやったのが『浜作』で、これが東京へ出て来て成功した。その弟分が京都でやっておるし、兄分では『鶴家』で小僧から五十年間たたきあげて東京で大きくやっている『出井』です」

ここに登場している店で、今もやっているのは「浜作」と「つる家」だけだ。「丸梅」は四谷にあった一日に一客しかとらなかった店。女性の店主、井上梅については元『週刊朝日』の編集長で評論家の扇谷正造が『運鈍根』という本を聞き書きしている。

いずれもその時代では一流の店だったけれど、今はない。料理屋が五十年、百年、やっていくのは簡単なことではない。

ともあれ、新橋の西口通りに開店した京味はおよそ三か月の間は満席が続くというわけにはいかなかった。

ただ、ぽつりぽつりと新しい客が来るようになってからでも西が欠かさない仕事があった。それは前夜に出した献立を翌日の昼にもう一度、書き記すこと。その際、それぞれの客に対しての覚書きをつけた。

「量は少なめがいい」

「芽芋《めいも》の吉野煮を二人分食べた」

芽芋の吉野煮を喜んだ客が次に来た時には「社長は芽芋がお好みですから」と少し多めにつけたりもした。亡くなるまで、西は店に出た時はこの日課を続け、客の好みを覚えた。

西健一郎の話

鰊と茄子の煮物
秋が近づくと、茄子が一層おいしくなります。うちでも茄子の料理をいくつか出していますが、なかでも好評なのが、身欠き鰊と茄子の煮物。京都の人たちは〝鰊茄子〟と呼びます。京料理の代表的なもので、昔から家庭でも料理屋でも夏の終わりから秋になると、作っていました。

身欠き鰊は米の研ぎ汁に一晩つけておく。翌日、やわらかくなったところで、お腹の小骨を包丁で削り取ってください。

そうして鍋に鰊を入れ、だしを加えて火にかける。鰊がふっくらしたら、砂糖、醤油で味をつけます。煮上がった鰊はだしと一緒に紅鉢に入れておいてください。

一方、茄子はへたを落とし、丸のままで上下に切り込みを入れる、サラダ油をひいたフライパンで焼いてください。

さて、茄子全体に油が回ったら、だしを加えて中火で煮る。最後に砂糖と醤油で味を調えます。食べるときは鰊と茄子を合わせて盛りつけます。このようなお惣菜は、何度も作るうちに、自分や家族が好きな味つけがつかめてきます。

料理を考えるヒント

賀茂茄子の田楽も京都の夏から秋の味のひとつです。私は賀茂茄子が店に届くと一つを手に取って考えるんです。

「最初はやっぱり賀茂茄子の田楽にしよう。だが、一か月間まるまる田楽だけを出すのも芸がない……」

じゃあ、皮をむいて煮物にしてから、鱧の身と山葵の餡をかけたらどうだろう。

いや、鱧より、冷やした賀茂茄子の煮物におろし金でおろした鮑《あわび》をだしと醤油でのばした餡をかけてみたらどうだろう。どちらが、おいしく召し上がっていただけるだろうか……。

材料を見ていると、発想が浮かんできます。机に座って、ノートを広げても、料理のイメージは湧いてきません。

もう何年も前のことになります。新幹線で森田たまさんの随筆を読んでいました。なかに「雲丹味噌」の話が載っていて、それが気になって、気になって……。その晩、まかないで出てきたのが賀茂茄子の田楽だったのです。ちょうど具合のいいことに冷蔵庫には生雲丹がありました。さっそく出してきて、田楽味噌の上に雲丹をのせて食べてみたら、これがいいんです。

次の日から調理場で試行錯誤です。まず田楽味噌のなかに生雲丹を混ぜ込んだのを作ってみました。おいしいけれど、雲丹の風味がちょっと少ない。次は雲丹を火で炙って焼き雲丹にして載せてみました。一口食べてみたけれど、手を加えたわりに大したことはなかった。結局、田楽味噌の上にそのまま生雲丹をのせたのがいちばんよかった。以来、うちでは賀茂茄子の田楽に生雲丹を載せたものを出すようになりました。

焼き麩と生麩

高野豆腐と同じように水で戻してから使うのが焼き麩。関西では、すき焼きに使います。乾燥した焼き麩を一度、水に通して、ぎゅっと絞ってから、ざくの皿に盛る。牛肉やざくと一緒に煮て食べるのですが、だしを含んだ焼き麩をご飯に載せると、それはおいしいものです。ただ、私の場合、焼き麩については、すき焼き以外の食べ方が頭に浮かんできません。

生麩のほうがずっと身近な食材です。正月の白味噌椀には生麩の一種、手鞠《てまり》麩をひとつだけ入れます。私は十一月の献立に挙げています。

修業時代、お得意先へ〝沖すき〟の出前をしました。沖すきというのは、だしに魚介（鯛、鰆《さわら》、蛤《はまぐり》など）と野菜（白菜、大根、蕪など）、それに生湯葉や生麩を入れて、ポン酢で食べる鍋料理です。寄せ鍋のようなものですね。魚ちりと言う人もいますが、私は沖すきと呼んでいました。これも生麩がだしを吸っておいしくなる食べ方です。

ほかには、たとえば、鯛のあら炊きを作るとします。鯛の頭、あらを沸騰した湯にくぐらせて霜降りにします。血合い、ウロコなどはきれいに掃除する。そして、鍋にあらを入れ、酒、砂糖、醤油で煮詰めて、最後に少量の味醂で艶《つや》を出します。

醤油を加えて煮詰めていくときに生麩を入れるといいでしょう。あら炊きには牛蒡をつけ合わせにする人が多いけれど、私は生麩を使います。また、あら炊きだけでなく、季節が合えば、メバルの煮つけに添えてもいい。

あら炊きや煮魚のとき、だしで煮ることはありません。魚の頭やあらはいちばんいいだしが出るところで、昆布や鰹節の味はいりません。

生麩の使い方

生麩はあまり家庭でなじみのない素材かもしれません。皆さんが見たことがあるのは寄せ鍋の野菜の上にちょこんと載っている紅葉《もみじ》の形をしたもの。あれは紅葉麩という生麩の一種です。

思うに生麩の使い方を知ると料理の幅が広がるのではないでしょうか。ご家庭でも簡単にできるものといえば、和え物。蓬《よもぎ》麩の胡麻酢和えは上品な味がして、私は好きです。蓬麩を短冊に切って、胡麻酢で和えるだけ。蓬麩だけでもいいけれど、椎茸の甘煮を加えても合います。

寄せ鍋、しゃぶしゃぶに粟麩や蓬麩をつけてもいいんじゃないでしょうか。私は自宅でしゃぶしゃぶを食べる時は粟麩を使います。肉と野菜だけでなく、麩が入っていると、箸休めにもなりますし。

生麩はそのまま焼いてもいいでしょう。蓬麩は焼いた後、田楽味噌をつけると麩の田楽になる。豆腐の田楽とは違った味わいですね。生麩は脂との相性がいい素材です。ご家庭ではホットプレートで焼き肉をやるでしょう。あのときに肉、野菜と一緒に、粟麩、蓬麩を焼けばいいんです。焼けたらすぐに醬油をつけて食べてください。これはおいしい。

高野豆腐や生麩のような素材は上手に使うことができれば、主役の素材に引けを取らないほど、おいしくなります。料理人にとっては、やりがいのあるものなんです。

油で揚げるおかず

今、ご家庭では油を使った料理をする機会が減っていると聞きます。揚げ油の後始末や調理の手順が面倒だからでしょうか。また、揚げていると油のにおいで胸がいっぱいになり、調理した自分が食べる気にならないからでしょうか。

揚げ物を敬遠する理由はさまざまでしょうけれど、ほんの少しのくふうで油を使った料理が楽になります。たとえば、油の後始末は汚れていなければオイルポットに入れておいて炒め油に利用するなど、調理をする前から用意しておくだけで気持ちの負担が違ってきます。また、天ぷらのための小麦粉と溶き卵が残ったら、私はキャベツと一緒にお好み焼きを作って食べています。

揚げ物は調理する時間が短い料理です。揚げ油、材料、キッチンペーパー、そういったものを全部揃えてから、あとは揚げるだけにする。揚げている途中に「あれがない。これが足りない」となると、焦ってしまいます。つまり、揚げ物は準備が大切なんです。また、ただ油に入れて揚げればいいわけではありません。

「こんがり揚げる」という言葉があるように、揚げ色も味のうち。いい色に揚げるだけで食べる人の気持ちが違ってきますし、また、音も大事でしょうね。揚げているときの音、揚げたてのものをだしに入れた時の音なども食欲をそそります。

揚げ物の話をしようと思うのですが、天ぷら、フライでなく、薄い衣の唐揚げ、春巻きの皮を使った揚げ物を考えてみました。

薄い衣の唐揚げ

初夏から夏の素材と言えば、鮑、トコブシがいいんじゃないでしょうか。どちらも五ミリ角くらいの拍子木に切って粉を薄く均一にまぶし、「かりんとう揚げ」にします。かりんとう揚げとは私が名づけたのですが、できあがりがちょうど「いもかりんとう(芋ケンピ)」のような形になるからです。鮑もトコブシも食べるときは塩だけで十分。磯の香りが口のなかに広がります。

鮑、トコブシを揚げるときに大切なのは揚げる直前に身を外すこと。早めに外してしまうと水分が流れ出て、身が痩せてしまいます。コツは、粉をつける前に表面の水気をキッチンペーパーできれいに拭いておくこと。そうすれば粉は均一につきます。熱した油に材料を入れたら、菜箸でやたらといじったりはしない。

うちの店では唐揚げの粉には主に葛粉を使っています。片栗粉でもいいのですが、葛粉のほうが粉の味がしないので素材の味を邪魔しないように思います。ただし、値段も高価ですし、使う前に葛粉の塊をすり鉢で粉状にしないといけない。すり鉢ですりつぶした後、ふるいにかけて、それを材料にまぶす。手間はかかりますが、できあがりは片栗粉とはまたひと味違います。

揚げ物でひとくふう

鮑、トコブシのほかに山菜も油と相性がいいものです。こしあぶらのような山菜は水気をよく拭き取ってから、水で溶いた薄い衣にくぐらせて、さっと揚げる。そうだ、里芋も唐揚げにするといいですね。

小学生の頃、丹波では田植えの季節になると、学校が休みになりました。大人に交じって子どもたちも手伝いをするのですが、田んぼのあぜ道には、おやつ代わりに里芋の蒸《ふか》したのが置いてありました。蒸籠《せいろ》で蒸した里芋の小さいのが置いてあって、皮をむいて、塩をふって食べる。いくつ食べてもいいんです。私はほくほくの里芋が楽しみで手伝いをしていたようなもの。

その里芋を唐揚げにしてもおいしい。里芋は皮をむいて、たっぷりの水とひとつかみの糠《ぬか》でやわらかくなるまで茹でる。茹で上がったら、水で糠を洗い落としてから、だし、砂糖、ひとつまみの塩、醤油で煮る。キッチンペーパーで汁気を押さえ、葛粉か片栗粉をつけて表面をカリッと揚げる。

じゃが芋を揚げたものはみんなが好きですね。じゃが芋をマッチ棒くらいに切ったものを素揚げにして、蒸した若狭ぐじの身の上にのせ、葛餡をかけたものを作ってみました。葛餡はだしに醤油で味をつけ、葛でまとめたもの。山葵をすって、山葵餡にしてもいいでしょう。

春巻きの皮を使う

春巻きを食べていて、あっ、これはいろいろ応用できるなと思いました。それで海老を巻いてみたんです。海老は車海老。家庭では冷凍でいいでしょう。海老は頭、殻、背ワタを取る。それから、海老の尻尾の先を切って、水分を抜いておく。そうしておくと油のなかに入れても、跳ねることはありません。腹に切り目を入れて身を真っすぐにしたら、塩、胡椒をふり、薄く小麦粉をまぶす。ここまではフライの下準備と一緒ですね。春巻きの皮を用意し、海老を巻いて、端っこは水溶き小麦粉で留める。それを中温で揚げるのですが、揚げ物の場合は鍋に入れて、材料が浮き上がってきたらできあがりです。

揚げ物の注意は鍋に入れたら油にまかせることと、少ない油にたくさん材料を入れないというふたつではないでしょうか。失敗のもとをたどってみると、たいてい、どちらかが関係しているように思います。

海老の春巻き揚げは見た目が変わっていますし、春巻きの皮の食感がいいから子どもが喜びます。フライよりも簡単ですから、パーティなど、客を招いた席でも便利な一品でしょう。

海老の代わりに、小さないわし、牡蠣なども春巻きの皮には合います。いわしを使う場合は頭を取り、身を開いて骨を外したら、また合わせておく。牡蠣のような水気を含んだ材料は粉をつけて揚げても油跳ねが多い。ところが春巻きの皮に包むと水分が漏れない。油跳ねの心配が減ります。

南蛮漬け

夏でしたら鰺がおいしいから、豆鰺を使った南蛮漬けもいい。じっくりと揚げることで、豆鰺は頭から尻尾まで丸のまま食べることができます。一〇センチ以上の鰺ならゼイゴは包丁でそぎ取って、内臓は手で取ってください。その後、薄めに片栗粉をつけて中温でじっくり揚げます。南蛮地は、八方だし、砂糖、醤油、酢で作り、焼き目をつけた葱と赤唐辛子を入れる。南蛮地に豆鰺を漬ける時は揚げたてです。油から引き上げて、そのまま入れてください。じゅっという音でお腹がぐーと鳴るはずです。

カウンター割烹

東京に出てきた一九六七年頃でさえ、カウンター割烹は今ほど多くはありませんでした。和食を食べると言えば、座敷であり、仲居さんが調理場から料理を運んでくるのが当たり前でした。開店してすぐの頃でした。年配のお客さまがやってきて、カウンターしかないのかと不満そうに言われたことがあります。

「オレは止まり木は苦手なんだ。ニワトリじゃあるまいし、めしくらい座敷で座って食いたい」

当時はカウンター割烹とは言わず、腰かけ料理などと言っていました。カウンターで食べることに抵抗のある方が大勢いらっしゃったのです。

もっとも料理人だって、お客さまが見ている前で包丁を持つことは慣れるまで緊張の連続でした。うちの親父は最後までカウンター仕事を嫌がっていましたから。

人に自分の仕事を見せないのが当たり前という時代の人だったんです。

カウンター割烹のもてなしで大切なことは、おしゃべりのうまさではありません。若い頃、先輩から「カウンターで政治と宗教の話はするな」と言われたことがあります。自分から政治の話をしなくともいいけれど、あまりにも無関心というわけにはいきません。カウンターに立つ以上、常識的なことは知っておかなくてはなりません。お客さまに楽しく過ごしていただくには、料理以外にも勉強しなくてはならないことがたくさんあるのです。

私はカウンターに立つ料理人がやらなくてはならないのは、お客さまの様子に気を配ることだと思うのです。箸の進み具合を見ながら、料理をサービスする。馴染みの方の場合はやりやすい。好き嫌いや食事のテンポもあらかたわかっていますから。

しかし、初めてのお客さまの場合はお好みがわかりません。ですから、召し上がる様子を見ながら、時には献立をさっと切り替えることもあります。年配のご婦人でしたら、刺身を小さめに切るなどのくふうも要りますし、体調が優れないと聞けば雑炊を作ることだってあります。カウンター割烹ならではの小回りのきいたサービスです。

初めての客への心遣い

初めてのお客さまに対して、料理人がやることは全力で料理を作ること、全力でもてなすこと。自分の持っている技術を全部出し切ることとです。そして、緊張をほぐしてあげる。たとえば、初めての方と馴染みの方がカウンター席で隣り合わせになったとします。馴染みの方に注文されていた料理を出すとき、私は必ずひと声かけます。初めての方に聞こえるように、こう言うのです。

「この間、お見えになったばかりですから、今日はコースのなかの料理ではなく、違うものにしました」

誰だって、隣の人が違う料理を食べているのを見たら平静な気分ではいられません。初めてだったらなおさらです。ですから、私はお馴染みさんに声をかけているようで、実は初めての方に事情を説明しているわけです。

「この料理は特別なものではありませんよ」と。

常連でも初めての客でも、お客さまを差別してはいけません。サービス業の基本です。

いつだったか、カウンターでタコちりを出したことがありました。真ダコの皮を剝いて、身をそいで、紙のように薄く切る。それをさっと鍋の湯にくぐらせて、ポン酢で食べます。

それを見ていて、どうしても、食べたそうにしている方には、タコちりのタコをみぞれ和えにして出すこともあります。同じタコちりではなく、タコの薄い身をきゅうりと大根おろしでさっと和える。それなら、どちらのお客さまも満足されるのではないでしょうか。

私の経営

料理屋の修業に入ると、店の主人や先輩がいろいろ教えてくれるのですが、なかには教えてくれないこともあります。

礼儀や言葉遣い、店の掃除、調理器具の使い方、そして料理の仕方は主人や先輩から仕込まれます。

けれども、お客さまとの接し方、器の選び方、盛りつけなどは手取り足取り教えてもらうものではありません。店の経営だってそうです。主人なり先輩なりがやっているのを横から見て習い覚え、あとは自分で勉強していく。独立してから役に立つのは修業していた時に気をつけて見ていたかどうかなんです。

私は経営を学校で学んだわけではありません。でも、小僧をしていた時から約束を守ること、背伸びをしないことが大事だと教わりました。そして、お客さまを大切にすること。私の経営とはもう一度、来てもらう店になることだけです。

好きな器に盛る

私は日々、献立を決めたら、盛りつける器がすぐ頭に浮かびます。逆にきれいな器を見つけたら、これにはこんな料理を作って盛ってみたいと考えてしまいます。

一般に、和食の盛りつけは、「山高帽」に盛るのが習いとされています。山高帽とは真ん中を高くして盛ることで、料理が皿の上にペタンとしないようにする。それが基本です。

家庭料理のおかずのような場合、私はざっくりと盛ることを心がけています。たとえば、牛肉と牛蒡の煮物があるでしょう。鉢に盛る時に牛肉と牛蒡を分けたりしないで、鍋のなかで煮えている様子が思い浮かぶように盛りつけます。牛肉と細切りの牛蒡がからんだ状態でいいんです。そちらの方が自然だし、口に運ぶ時も一緒に食べた方がいい。家庭料理の盛りつけは、気負わずに、自然のまま、ざっくりと盛ればいいんです。

食べる人のことを考える

以前、うちの店でお見合いの会食をされた方がいらした。その時、仲人役の方に、

「ご紹介したお嬢さんが一つも残さず料理を食べることができた」と喜んでいただいたことがあります。

女性は和服で召し上がる場合があります。大切な着物に醤油を垂らしでもしたら大変ですから、私は塩昆布を刺身で巻いたりして、醤油を使わないくふうをします。また、蟹の胴の部分など、食べる時に手間のかかるものは出さないようにしています。お祝いの席で鯛の姿焼きを用意することはありますが、食べる時はこちらで取り分けます。うちでは出しませんけれど、鶏の手羽先なんて、手に取ってせせって食べるからおいしい。結局、盛りつけとは食べる人の身になること、お客さまのことを考えることです。いくら美しい盛りつけでも、食べにくいというのは困ります。

そういえば、うちの店にいらっしゃる女性のなかには身を食べた後、残した魚の骨を隠しておくために懐紙や敷葉をのせる方がいらっしゃいます。茶道の勉強をされている方に多いのですが、やはり、女性は食べ終わった蟹殻や骨を、見せたくはないのでしょう。女性はそういうところに気を遣うのです。こういうお客さまはありがたいですね。私たちにとっても勉強になりますから。

センスを磨く

盛りつけはセンスです。ですから、美的なセンスを磨かなければならない。美術館へ展覧会を見に行くのもいいし、店のショーウインドーがきれいだと感じたら、じっくりと眺めてみるのもいいでしょう。料理人だって食べ歩きばかりではいけません。本を読んだり、外に出て美しいものがあったら、足を止めたりする。勉強とはそういうもんです。

私は修業時代、ふたつだけ贅沢をしました。ひとつはカメラを買ったこと。和菓子屋さんに行って、ガラスケースのなかのお菓子を撮影したんです。もうひとつはお椀です。お椀を買いました。一組をまとめて買うほどの余裕はなかったので、毎月、一客ずつ分けてもらった。時々、寝る前になると出してきてじっと眺めていました。そういうお椀は今でもまだ店で使っていますよ。

料理のあしらい

あしらいとは器に盛りつけた料理を引き立てるための野菜類もしくは花、葉っぱのこと。もっとも私は花は一切、使いません。

そうですね、たとえば焼き物をお出しする時は、あしらいを置く位置を見ます。

そして、気に入らないところがあればちょこっと変えてみる。あしらいの位置をほんの少し変えただけで皿の景色はがらっと変わる。ですから、あしらいは大事です。私は焼き物とあしらいだけ一七〇種類ほど集めた本を作ったことがあるほどです。

ご家庭でお客さまをもてなすとします。鰤《ぶり》の照り焼き、鮭の切り身などをいい器に盛って出しただけではちょっと足りない感じがする。そこに、あしらいを添えるだけで、お客さまは食欲がわいてくる。

そして、あしらいは季節感を盛り込むもの。春なら山菜、夏ならば、伏見唐辛子や枝豆といったように、あしらいで季節を表すことができます。

はじかみ生姜

葉のついた新生姜を甘酢に漬けたものです。普通は焼き物の横に一本、添えるのですが、私は刻んで三つ葉と合わせたりもします。はじかみの赤と三つ葉の緑がバランスよく、見た目がおいしそうになるんです。

胡麻和え

ほうれん草やいんげんはおひたしより、胡麻和えが合うと思います。ただし、量はほんの少しです。あしらいは小鉢とは違いますから、あまりたくさんつけると、かえって不格好になってしまう。

甘煮

さつま芋や栗、柚子を甘く煮含めたものも時々、あしらいに使います。柚子は「車柚子」といって緑の柚子を輪切りにして御所車の車輪をイメージしたものです。

私はあしらいを考えることが楽しみのひとつになっています。材料を眺めていると、遊び心が湧いてきます。

あしらいに花はいらない

開店した頃のことです。うちにいらした小原流の御宗家から、「西さん、ひとつお願いがあるんだ」と言われたことがあります。

「実はこの頃、料理屋さんで桜の花や菊の花を盛りつけやあしらいに使う人が多い。それはそれで構わないのだが、どうも気になるんだ。お皿の上では料理が花だ。料理自体が主役なのだから。できたら、花は盛りつけには使ってほしくない。枝、葉で表現してほしい」

もともと私は料理に花をあしらった盛りつけはやっていませんでしたが、その方がおっしゃったように、料理人は料理を花と思わなければいけません。以来、そのことは守り続けています。

第四章

音松に導かれて

――秋のおいしい味

挨拶回りと銀行の弁当作り

東京での仕事に慣れてきた頃、仕込みを終えた午後から、西は挨拶回りに出かけるようになった。映画館での時間つぶしには飽きていたし、ありがたいことに、祇園のお茶屋の女将がお客さんのリストを渡してくれたのである。西はスーツを着て、自分の客、そして、女将の客の元を訪ねて歩いた。

「初めまして。今度、新橋に小さな店を出しました」と手土産を持参して、挨拶して回る。挨拶を受けてくれた客は少なくとも一度は店を訪れてくれた。

京都で西のファンだった客も店を訪ねるだけでなく、応援もしてくれた。彼らは多くの友人、知人に「東京で食べられる唯一の京都の味だ」と京味を紹介した。また、東京に暮らしていて、京都旅行の際、西の料理を食べてファンになった人たちもさまざまな友人知人を連れて現れるようになった。

ある日、京都にいた頃の客が画家の梅原龍三郎を連れてきた。すると梅原は作家の志賀直哉を紹介してくれた。朝日新聞の記者も食通で知られる作家の獅子文六を連れてやってきた。作家の阿川弘之も現れ、平岩弓枝も訪れるようになった。

京味は一流の文化人が集まる店として、ひっそりとではあるが、知る人ぞ知る店になっていったのである。そして、紹介で訪れた銀座にあったセレクトショップ、サンモトヤマ社長の茂登山長市郎は西の料理を気に入ったらしく、大声で叫んだ。

「健ちゃん、オレが毎日、客を送る。もし、払わなかったら、オレのところに請求書まわせ。必ず払ってやる」

茂登山は言葉通り、週に二度も三度もやってきて、数多くの財界人、文化人、食通を紹介してくれた。

当時、日本でトップだった都市銀行の頭取も西の料理にほれ込んだひとりだ。彼は店に足を運ぶだけでなく、役員会の昼食に出す弁当を作らないかと言ってきた。正確には役員会に出す弁当を決める選考会に出ろということだった。

選考会に出るもう一方は東京の有名料亭だった。片や、西の店はできたばかりのカウンター割烹である。

「やらせていただきます」

役員会の弁当は三十人前。毎月、一度とはいえ、京味にとっては大きな固定収入だ。なんといっても信用につながるし、役員たちが食べに来てくれるかもしれない……。

それから西は毎日、頭をひねって、ああでもない、こうでもないと弁当の中身を考えた。せっかくの厚意だから、なんとしても勝ち取りたい……。

「そうか」

ひとつのアイデアが浮かんだ。それは……。

会議や打ち合わせで仕出しの高級弁当を食べたことのある人は少なくないと思われる。値段の高い弁当であればあるほど、和食、洋食を問わず、高級食材ばかりが詰まっているのが通例だ。雲丹、鮪のトロ、イクラ、高級牛肉、海老、蟹……。そんな高価な弁当も一度は嬉しい。しかし、毎月、鮪のトロと松阪牛のステーキが入っていれば、見ただけで味がわかってしまう。それに高級食材は冷めた弁当で食べるよりも、酒と一緒に店でつまみたい。まさか役員会で日本酒を酌み交わすわけにはいかないから、珍味よりも、ご飯が進むおかず、体にとってやさしいおかずを入れた方がいいんじゃないか。

——野菜料理で行く。素朴な味、懐かしい味の弁当にする。むろん、素材はいいものを厳選する。しかし、酒のつまみではなく、ご飯のおかずを入れる。

西は牛肉ならばステーキではなく、薄い牛肉をカリカリに焼いたものにした。根菜をたくさん使った筑前煮を入れた。ご飯も毎月、季節に応じた炊き込みご飯を詰めることにした。

選考会の日、数人の役員はふたつの店の弁当を味見した。もちろん、頭取も味見をするひとりだった。

結果は京味。西がくふうした松花堂弁当に決まったのである。

採用が決まると、三十人分の漆塗りの弁当箱を新調し、出前に使う軽自動車も買った。そうして、弟子と一緒に毎月、自ら都市銀行の本店まで弁当を配達し、給仕したのである。

「うん、これはいい」

初回から大好評で、銀行の重役たちは残さず平らげてくれた。回を重ねると、秘書が「今月のご飯は何ですか？」と西に訊ねてくるようになった。

役員会の弁当は京味のファンを広げることにつながった。重役たちは争って京味に予約を入れるようになり、友人知人、取引先を連れてくるようになり、どんどん輪が広がっていったのである。


開店から二年が経った。さまざまなことがあったけれど、京味はようやく満席が続く店になった。

忙しくなってからも、西は相変わらず神戸から鮮魚、京都から野菜を航空便で運ばせていた。めったにはないことだけれど、台風が来た時などは飛行機が欠航する。そんな時は鮮魚店の宮田さんか青果店の古嶋さんのどちらかが魚と野菜を抱えて新幹線に乗って東京駅まで持ってきてくれた。

料理はこんなもんじゃない

西が東京にやってきてから三年が過ぎた。

その年、一九六九年は全共闘の学生が、東京大学の安田講堂を占拠し、警視庁機動隊が封鎖を解除するという事件があった。投石があり、それに対して放水が行われ、人と人がぶつかり合う安田講堂攻防戦だった。学生運動が高揚した時期の大きな事件である。

世の中が騒然とした時代であっても京味は毎日、必ず席が埋まるようになっていた。西は三十二歳。料理人としてはこれからが勝負という年齢である。

ひとつ心配だったのは店が手狭なことだった。新しい店を探すことにしたけれど、あまり遠くに行くわけにはいかない。新橋から遠い場所に引っ越したら、せっかくの常連客が来てくれなくなるかもしれない。

店のことをどうしようかと悩んでいたある日、ふと、思い出したことがある。常連客のひとりが新橋にビルを二棟持っていると言っていたことだ。

西は常連客の事務所を訪ねて、相談した。「どちらかを貸してもらえませんか」

「あー、貸すことはできないが、あんたになら売ることはできるよ」

場所は新橋三丁目。妻の実家からも遠くないところで、地下一階、地上四階のビルだった。

しかし、家を買うのとビルを買うのでは金額の桁が違う。借金をするにしても当てはなかった。

西は役員会に弁当を運んでいる都市銀行の支店に出かけていって担当者に頭を下げた。だが担保は持っていない。

「ダメです」担当者はけんもほろろに断った。

「どうしよう……」考えあぐねた西は頭取に思い切って相談することにし、本店へ出かけていったのである。

頭取は「京味さん、いつもお弁当をありがとう」と迎えてくれた。

「頭取、実は店を新しくするので、新橋のビルを買いたいんです。お宅の銀行にお金を貸していただきたいんです」

「そう、担保はありますか?」

「ありません。この体だけです」

西の「体だけです」という答えを聞いた頭取はうつむいて、じっと考え込んだ。

「わかりました。お店に帰って待っていてください」

西がとぼとぼと店の前まで帰ってくると、男がひとり立っていた。

「ご主人、私は支店長です。担当が失礼をいたしました。購入希望のビルを見ました。融資の手続きを進めます」

目を白黒させた西がぼうっと立ち尽くしていたら、支店長がこう付け加えた。

「頭取が保証人という融資、私自身、初めてのことです」

京味は新しい店に引っ越した。カウンターだけでなく、テーブルの個室、座敷もある。西が亡くなった後も、二〇二〇年の一月まではそこで営業していた。

思えば、誰ひとり友人知人のいない東京に出てきて、わずか三年で一国一城の主になったのだった。

父親に頭を下げる

新店をオープンしてからも満席は続いた。しかも、やってくるのは一流の客ばかりである。西は毎日、調理場に立ち、料理を出し、客をもてなした。料理の大半は修業先で教わった定番の京料理である。筍、鱧、松茸、甘鯛を使ったもの……。少しでも多くの料理を味わってもらいたいと、小皿で少量ずつ出すスタイルにした。いずれも水準以上の味である。客たちは「これが京料理か」と目を見張る。しかし、西本人は違った。何かが足りないと感じていたのである。定番の料理はできたけれど、それ以上のものにはならない。

月に何度も来てくれる客に同じ料理を出すことはできないのだが、「自分には毎回違う料理を出すほどの技量はない」……。

開店以来、必死に働いていたけれど、気がついてみたら、店で出す料理の種類は変わらず、自分がくふうした料理を出してはいなかった。

西は考え込むようになった。

それでいいのか。では、自分は何のために独立して店を開いたのか、自分だけの料理を追求するためではなかったのか。

自信を喪失したまま、包丁を持つような状態になっていた。ある日、彼は思い切って素直な気持ちを常連客の平岩弓枝に打ち明けた。

「平岩先生、聞いていただきたいことがあります」

「西さん、どうしたの、あなた」

「僕の料理、これでいいのかと悩んでます」

平岩はふふと笑い、「何言ってるの、あなた」と言った。

「あなたには立派なお父さんがいるでしょ。料理のことなら私でなく、お父さんに聞いてみること。それがいいわ」

――そうか。父親に料理を教えてもらえばいいのか。しかしなあ、父親に、面と向かって頼み事はしたくないし……。うーん、どうすればいいか。

当時、西音松は七十二歳。妻とふたり、佐伯の実家で年金暮らしだった。山菜を採ってきて、自分で調理し、瓶詰にして売っていたけれど、それで暮らしを立てていたわけではない。そして、後輩たちに請われると、時々、料理を教えに出かけたりもしていた。

仕事を終えた夜、西はじっと考えた。

「親父のとこには大勢の料理人が話を聞きにやってくる。音松さん、教えてくださいと言ってくる。親父は決していい顔はしなかったけれど、頼まれれば出向いていく。それなのに息子である自分は一度も教わったことはない。それではもったいないんと違うか」

西は考えをまとめようとした。けれども、なかなか整理がつかない。

――親父のところに行って、頼んだら、果たして教えてくれるだろうか。やっぱりやめておくか。だが、他の料理人が親父の料理を知っているのに息子の自分が知らないのは悔しい。しかし「修業に行け」と言われてから、オレの人生は親父の言いなりだったしなあ……。

反発、敬慕、愛憎……。さまざまな感情が渦巻いていたが、「佐伯へ行こう、料理を教えてくださいと頼みに行こう。行くしかない」と覚悟を決めた。

一度は決めたけれど、それでもまだ西は揺れていたから、実家を訪ねるのを先延ばしにしていた。

決心のつかないままだったある日、音松の料理人仲間があることを教えてくれた。

「健ちゃんな、オレがこの間、音松さんに会った時、こう言ってたで。

『せがれでっか。あれはまだ料理人のうちにもはいってまへんわ』」

西に怒る気持ちはなかった。おやじがそう言っている以上、自分はまだ中途半端なんだと素直に思った。

よし、やっぱり親父のうちに行こう。頭を下げて教えてもらおう。やっと決心がついた。佐伯に父親を訪ねることにしたのだが、ひとりで行っても「わかった。行こう」と言わせる自信はなかった。明治生まれで職人気質の父とはまともに会話をしたこともなかった。訪ねていっても、親父が何ひとつ話をしないことは想像がついた。

そこで、父親と仲のいい、親戚のおじさんに頼み込み、同行してもらうことにしたのである。

西は親戚のおじさんの後について、実家の玄関を入っていった。

居間に行き、父親の前に座る。手をつき、頭を下げた。

「親父、教えてください」

それだけ言って、畳に額をこすりつけ、そして、顔を上げたら、音松はそっぽを向いていた。背を向け、火鉢に手をかざしていたのである。

母親が淹れたお茶を飲んでいる間も、音松は親戚のおじさんとは話をした。しかし、西とはひとことも口を利かない。不機嫌そうな顔で息子を見るだけだ。

仕方ない。やっぱり、親父は頑固だと思い、西は腰を上げた。もう一度、頭を下げ、用意してきた東京行きの新幹線グリーン券を置いて実家を後にした。

音松の料理

音松から何の返事もないままだったが、翌月の一日、西は東京駅のホームまで音松を迎えに行った。すると、両手に材料を提げた音松が新幹線から下りてきた。

「ふん」とうなずいて、材料を渡し、先に立って歩きだした。東京駅からはタクシーで新橋の京味へ。西もまた無口だし、父親とは何を話していいかわからなかった。

店に着くと、音松は白衣に着替え、さっそく調理場に立った。西が用意した材料には目を向けることなく、自分が持ってきた材料で仕込みを始めた。

音松が作り始めたのは季節の素材を使った料理である。客が入ってくるまで、黙々と仕事を続けるだけだった。客が入ってきて、営業が始まると、調理場を出て勝手口へ行き、陰から様子をうかがう。客が前菜に箸をつけたところまで見届けると、何も言わずに白衣を脱いで、ビルの上の階にあった部屋に戻っていった。孫たちと一緒に大好物のステーキを食べ、テレビを見て、そして、寝てしまう。音松が話したり、笑うのは西の娘ふたり、つまり、孫と遊ぶ時だけだった。

そうして音松は亡くなる直前までの十五年間、西に料理を教えた。毎月、一日にやってきて、十五日になると、京味を出て、佐伯の自宅へ帰っていった。

西が新幹線のチケットを渡したのは最初だけ。報酬を払ったこともない。音松は黙って父親、そして料理人としての愛情を示したのである。

料理をしている間、音松は何ひとつ教えなかった。「この料理はこうやる」なんてことはひとことも言わない。作っているところを横から盗み見るしかなかった。

そして、音松が作る料理は戦前のそれだった。大正から昭和の時代に音松がくふうして考えた料理、昔からの伝統料理ばかり。

春なら筍の大原木煮、筍豆腐、夏なら博多素麺と蒸した無花果《いちじく》の田楽味噌載せ。秋なら甘鯛の切り胡麻和え、冬であれば金海鼠《きんこ》豆腐の山葵餡仕立て……。

どれも、西が見たことのない料理ばかりだった。西は調理場で並んで仕事をし、横から見ることは許されていた。しかし、いざ味つけの段になると、音松は西に用事を言いつけた。

「おい、味噌を取ってこい」

「お前、この紅鉢を洗っとけ」

西が言われたことを弟子に指示しようとしたら、「いや、取ってくるのはお前だ」と西を遠ざけようとする。そうして、西がその場からいなくなると、味つけをした鍋を水で洗ってしまう。

ため息をつくしかなかった。

「親父はオレにも味つけを見せたくないんだな」

教えに来ているのに、教えない。しかも、大切なところは「見るな」と言う。それが昔の職人だ。音松にとっては息子でさえも、料理人としてはライバルだから、味つけを教えることはあり得ない。

以後、西は父親の仕事を見ながら、肝心なところに来ると、わざと見ないように、席を外すことにした。そして、遠くからどういった調味料を使っているかを眺めた。親子が相手を過剰に意識して、盗み見をするという不思議な光景だった。

それでも、ふたりはごくたまに、調理場で立ち話をすることがあった。料理や材料の話をごく短時間、するだけだったが……。その時、音松が呟いた話は後に料理本のなかに所収されている。

「料理も戦争からこっち、変わったな。いちばん変わったんは材料や。戦争の後、びっくりするくらい便利になった。材料かて、たいていのもんはいつでもどこでも手に入る。それは便利や。便利には違いないけれど、旬がわからんようになって、季節のけじめがつかへん。日本料理から季節感を取ってしもうたら、あとに何が残るんや。わしの仕事は古い仕事だけれど、どれも料理の旬を大切にしたもんばかりや。

それと、わしの料理は、自分でも素っ気ないと思うくらい地味なもんや。ようわかってる。でもな、どないしても飾り立てる気はせえへん。

そら、見た目も味のうちや。スカッとした切り口やら、取り合わせの彩りや、盛りつけの美しさやら、大事なことや。

そやけどな、いちばん大事なのは、食べておいしいということや。見てくればっかりよくても、食べてまずいのんは料理やない。

いいか、料理を器に盛るときは、食べられんような飾りをつけてはいかん。どんなあしらいかて、ちゃんと意味があるんや。お造りに添えたツマかて、後口をさっぱりさせたり、中毒するようなもんを消す役目がある。それやのに、船盛りのお造りに大根の網を飾ったりするのは、まともな職人の仕事やないで。そないな仰山なお造りに限って、ロクな魚を使わへん。盛り付けでびっくりさせたろというコンタンが見え透いているがな」(『味で勝負や　美味い昔の京料理』西音松　鎌倉書房)

京味の料理とは音松の言葉通りのものだった。飾り立てはしない。調味料の量も控えめだ。だしの味も強すぎることはない。調味料もだしも材料の味を引き出すために使っている。

見てくれをよくした料理ではなく、食べておいしいものだけが出てくる。音松が西に教えたのはそういう料理であり、それが京味の料理になった。

音松が亡くなるまで口癖にしていた言葉がある。それはいつの間にか西も使うようになり、いつか、西は自分の言葉だと信じるようになった。

「いいか、おいしいもんと珍しいもんは違う」

「材料も見ないで料理の話はするな。材料をよく見てから言え」

「お客さまがもう一度、食べたいと思うような料理を作れ。どうしても、お前のあれが食べたいんやと言ってもらえる料理人になれ」

「死ぬまで勉強」

長くしゃべるのは、機嫌がいい時か、もしくは何か面白くないことがあった時だった。

それ以外の日はやることだけをやったら、さっさと部屋に戻ってしまう。

ある晩のこと、客が入ってからも、たまたま音松が調理場で仕事をしていた。コース料理が終盤にさしかかり、いつものように西が客に話しかけた。

「お腹の具合はいかがですか。もう一品、入りますか」

客はお腹をなでながら答えた。

「ありがとう。何か軽いもの、お腹のふくれないものありますか」

すると、音松が不思議そうな顔で客に問いかけた。

「軽いもん？　ほなら、あんた、霞でも食べて帰りなはれ」

そのままぷいと調理場を出て、階上の部屋へ上がっていった。

横にいた西ははらはらしたが、わきを通った時に、音松は呟いた。

「いいか、お前はオレみたいなこと客に言うたらあかん」

音松の死

毎年、元日になると、西はおせちを持って、京都へ出かけていった。恩人である裏千家へ新年の挨拶に行き、その後、佐伯の実家へ寄ることにしていた。新年の挨拶を済ませた西は実家へ電話をした。

元日は音松の誕生日だから、昼過ぎには実家へ行くと伝えるためだ。

電話をかけると、母ではなく、親戚の娘が出た。

おかしいと思い、おめでとうとは言ったものの「誰かおらへんか」と訊ねた。

すると……。

「おめでとうございます。あのな、さっき音松のおじいちゃんとお母さんが救急車に乗って病院に行った。けど、すぐ帰ってくるって言ってたで」

心配になったが、音松はしっかりとした口調で話をしていたと聞き、少し、ほっとした。

西にとっては大切な父親だ。電話を切って、すぐに京都から佐伯の病院へ向かった。

病室に入ると、音松はすーすーと寝息を立てて、ぐっすりと眠っていた。しかし、顔色はよくない。声をかけずに、西は父親の手を握った。

三分、いや、五分ほど経った頃だろうか。枕元にあった血圧計の針がすーっと下がっていった。

八十六歳になった、その日、西音松は眠りについた。元日に生まれ、元日に亡くなる大往生だった。

西健一郎の話

親父に教わった料理

親父に教わったこと、数知れないですよ。もっともっと話を聞いておけばよかったと思うばかりです。

親父は私が本を出したり、テレビで料理を作ったりすることは大反対でした。「本もテレビもダメだ。絶対にダメだ。本やテレビを見て、人に聞いて簡単に料理ができると思ったら大間違いや。本に頼ったら、料理人は勉強せんようになる。人間がアホになるだけや」

いつも、そう言ってました。

ただ、最後の一年だけは味見をさせてくれましたし、いろいろ教えてくれました。それまでは話をすることもなかった。

茄子のうてな（蕚《がく》）の揚げ煮という料理があります。茄子のへただけをきれいにはがして、油で揚げて、八方だしで煮たものです。ある時、たまたま僕が茄子のへたを捨てたんですよ。すると、親父が「ばかやろう、全部持ってこい」と怒った。

それで、茄子のへたばかりを持っていったら、親父はへたのトゲを包丁で落としてから素揚げにした。それを黒胡麻をすっただしで、甘めに煮たんです。そうしたら、これがほっぺたが落ちるくらいの味なんだ。へたは肉厚で茄子の身の部分よりもコクがある。親父の発想は古いのではない。新しいんですよ。それからはもう、親父の前で野菜のクズを捨てることはできなくなりました。

うずらの玉子の猿柿も手間のかかる料理です。材料は高いわけじゃないけれど、技術で高級な料理になるんです。これも発想がすごい。

猿柿はまずうずらの玉子を茹でて、くちなしの実で黄色くしてから今度は食紅で柿色にします。その後、つまようじの先をへらにしたもので、直径二ミリの穴をあけ、そこから黄身だけをかき出すのです。そうして、黄身を取り出したら、今度は塩雲丹を詰めていく。小さな柿に見立てたうずら玉子を口に入れると、白身と塩雲丹の味がするわけです。親父の仕事とはそういうもんですよ。季節の材料を使って、手間と技術で料理にする。でも、それこそが料理なんです。見てくれとか飾りじゃない。珍しい素材を使ったものでもない。どこにでもあるようなもの、普通の料理人ならば捨ててしまうようなものを生き返らせた料理です。僕なんかまだまだ親父の足元にも及びませんわ。

昔は春のしるしに出まわった蕗《ふき》の薹《とう》も、今は冬の初めから売っとる。あれ、自然に生えてるもんを摘んできて、もう春やなあと思いながら食べるもんや。だからこそ、ほろ苦さに味わいが出る。

魚は養殖、野菜はビニールハウス。どちらも人間がこしらえたもんや。天然の旬のものと比べたら、天と地ほどの違いがある。それなのによそよりも早う使う料理屋も料理屋やけど、それを食べて喜ぶ客の方かて……。まあ、どっちとも言えん話やな。憎まれ口よりも、料理や。春なら大原木《おはらぎ》煮と筍豆腐がいい。

大原木煮

筍は茹でたのを細く拍子木切りに。穴子は白焼きにしてから細長く切る。生湯葉をこれもまた細長くさばいて、筍、穴子と一緒にして、茹でて味をつけた干瓢で束ねる。一人前に切った形がちょうど束ねた薪に似てる。大原の里から薪を売りに大原女が下りて来るでしょう。その時、頭に積んだ薪に似てるから大原木煮と言うんだ。

筍豆腐は蒸し物。作り方はどうちゅうことはない。

生の筍を下ろしガネですりおろして、汁と一緒にすり鉢に移す。そこにかまぼこの原料になる魚のすり身を加えて、すり混ぜる。つなぎは片栗粉。少々、加えて、あとは流し缶に入れて蒸すだけや。大事なことはあくまでも筍が主だということ。すり身が多すぎてはいかん。だいたい、筍の五割といったところやな。蒸した筍豆腐は器に白の田楽味噌を敷き、そこに盛る。上に木の芽や。田楽味噌を上からかけてはいかん。筍豆腐を見せないといかん。

博多素麺

夏の料理の冷やし物として思いついたもの。

素麺を寒天で寄せ、固めたもの。なかに一緒に入れてあるのが干し椎茸、錦糸玉子、三つ葉。上には振り柚子がかけてある。

干し椎茸は戻してから淡めに味を含ませて細切りにする。錦糸玉子は常の如し。三つ葉は湯がいてから刻んでおく。

別に寒天一本を五合の八方だしで溶かしておく。

素麺を茹でる時は一束ずつ片端を縛っておくと、あとで仕事がしやすい。はじめに、茹でた素麺の半分だけ寒天の地のなかにくぐらせて、流し缶のなかに並べる。その上に椎茸と錦糸玉子を敷いて、残しておいた半分の素麺を載せ、最後に三つ葉を散らす。隙間に寒天の地を流して固めるわけやけど、寒天の地は少なくした方がおいしい。固まった素麺を適当に切って、器に盛ってから振り柚子して、別にだしを添えたけど、だしは素麺の上からかけてもよろしい。

甘鯛の切り胡麻添え

東京では甘鯛やけど、京都や大阪行くと、ぐじというんです。

それも若狭湾で獲れたぐじをすぐに浜塩をして京都まで運んできたんが、若狭のひと塩ぐじ。

昔、鮮魚が入ってこない京都では、これを細造りにして、喜んだもんですわ。今は新しい魚がいくらでも入ってくるようになったけど、このひと塩のぐじだけは、昔とちっとも値打ちが変わってません。

ただ、昔と今で違っているのは、昔は馬の背に積んできたのを、今では冷蔵のトラックで運ぶくらいや。馬やったらひと晩かかる。ということは浜塩をしてから、だいたい一日経ってることになる。そこをちゃんと勘定に入れて、今でも荷を出しているんやから大したもんですな。

ひと塩ぐじばかりは、若狭で獲れたもんやないと、味がようない。よそで獲れた甘鯛は、どんなことをしてもお造りにはならしません。

ぐじは細造りに決まってます。

塩ものやから、濃い口醬油ではあきません。やっぱり、山葵と割り出し醬油です。

割り出しは、薄口醬油をだしで薄めて、柚子か酢橘《すだち》の酢を落としたもの。細造りを加減よう煎った黒胡麻の切り胡麻で和えると、ちょっとしたことやけど、香ばしゅうなって、ええもんどっせ。

さいまき海老の朝鮮焼き

焼き物は、さいまき海老の朝鮮焼き。日本人が好きな焼き肉からヒントをもろうた料理や。わしはいくつになっても肉が大好きで、時々、焼き肉を食べに行く。あれはほんまに賢い方法やと、いつも感心しとるんや。

なぜって、あれやったら、あまり上等やない牛肉も、結構食べられるようになる。いや、肉が上等やったら、かえってうもうないのと違いますか。

秘訣は牛肉を浸しておくたれやと思う。そのたれを日本料理に合うように変えて、さいまき海老を漬けておいて、卓上コンロで焼きながら食べたら、こりゃうまいはずや。そう思うてやってみた。

さいまき海老は頭を取って、殻を尾だけ残して剝く。背から包丁を入れて、背ワタを抜き、開く。これをたれに三十分ほど漬けておく。

たれは薄口醬油と味醂を六分四分で合わせて、玉ねぎと人参のみじん切り、大根おろし、煎り胡麻の粗ずり、溶きがらしを混ぜる。漬けるものが海老だから、牛肉よりもたれはあっさりでないといかん。これは家庭のおかずにもなる。なにもさいまき海老にかぎったことやないし、帆立貝の貝柱でも、鶏のもも肉でもいい。

赤貝の千種巻き

酢の物です。赤貝で巻くのは松茸と三つ葉やから、千種《ちぐさ》巻きというのも大げさやけどな。

赤貝は貝殻から外して掃除をする。ヒモを別にして、身は横から包丁を入れて開く。

松茸はマッチ棒ほどにして、薄味のだし汁で炊き、そのまま冷まして味を含ませる。三つ葉は京三つ葉。軸の緑色のところを湯がいておく。

赤貝を広げて、真ん中に長さを揃えた松茸と三つ葉を置く。それを赤貝で巻いて小鉢に盛って、脇から土佐酢を流し込む。土佐酢は米酢を二、薄口醤油を一、八方だしを一の割合で合わせたもの。土佐酢を甘くしてはダメ。せっかくの日本酒がまずくなる。

鬼金海鼠の三杯酢

金海鼠というのは字を見てもわかるように、海鼠《なまこ》をからからに干しあげて黒くなったもの。イボイボがあって、ちょうど鬼の金棒みたいや。そのままでは使えんよって、米のとぎ汁につけてもどし、腹を抜いて、きれいに掃除する。今度は番茶を煮出した湯のなかに入れてコトコトとやわらかくなるまで茹でる。

それを引き上げて薄味の酒八方で炊いて味を含ませる。酒八方とは八方だしに酒を少々加えたもの。海鼠が冷めて味を含んだところで引き上げ、縦に包丁を入れて短冊みたいに切って、器に大根おろしを敷いた上に盛る。そして、上から三杯酢をかける。

三杯酢は醬油、酢、八方だしを同割で合わせたもの。今は砂糖を使ったものも三杯酢と言うようやけど、それやったら三杯とは言えません。

西音松の料理はいずれも高価な材料で作ったものではない。しかし、とても手がかかっている。そして、当然のことだけれど、だしは毎日、必ず新しいものをとる。削り節など使わない。すべて手で鰹節を削る。花がつおを作るのだって、電球のかけらで細く削ったりする。

年中無休、二十四時間、料理をしていなければ作れないものばかりだ。

そういった手間のかかる料理が京味の料理だった。

京味の料理を真似している店も実はある。だが、茄子のうてな、猿柿、金海鼠のような仕事はやらない。レシピを見ただけではできないし、膨大な手間がかかるからだ。手間をかけるには主人自らが働かなくてはいけないし、従業員の人数も要る。人を雇ったら、給料がいる。社会保険も払わなくてはならない。住居を見つけてやるか、住居費の補助も要る。それなら高価な材料を買って派手な盛りつけをした方が安く済む。

人は高価な材料を使う店を「贅沢だ」と感心する。料理の値段が高いのは当たり前だと思ってしまう。しかし、実は高い松茸や牛肉や鮪やフカヒレやツバメの巣を買って並べて、看板にしておく方が手間をかけたり、人を雇うよりも格段に安いのである。

音松の料理、京味の料理は正統派の料理だ。材料の値段で決まるものではない。

季節が教えてくれる料理。手間をかけて作った料理。材料をデコレーションするのではなく、材料が持つ本来の味を引き出すためだけに調味料を使った料理。

西健一郎はそれを音松から教わった。

第五章

京味の章

——冬から新年、春へ

おいしいものを少しずつ

音松が店に来るようになってから、京味の料理のスタイルが徐々に定まっていった。なんといっても、それまでよりもさらに料理の数が増えた。

日本料理のうち、会席のコースは一般に二汁八菜とされている。ただし、店によって皿数は異なる。

出てくる順番は次の通り。また、呼び名だが、先付を前菜と呼ぶところも増えている。

「先付」…最初に出てくる少量の肴で、一品から三品が皿の上に載っている。居酒屋では「お通し」と呼ぶけれど、厳密に言えば、「先付」は献立のなかに組み込まれているもので、お通しは店が勝手に出してきたものをいう。

「八寸」…献立の初めに出される盛り合わせ。

「向付《むこうづけ》」…茶懐石で向付とは折敷《おしき》（料理の器を載せる盆）の向こう側に置くことをさす。魚介類のひと塩もの、鱠《なます》のような魚介類を酢で調理したものが向付だ。

「煮物、炊き合わせ」…関西では煮物といった場合、煮物椀をさすことが多い。「煮た料理」のことは、炊き合わせと呼んで区別する。関東で煮物と言えば炊き合わせのこと。

「お造り」…刺身のこと。洗い・湯引き・焼き霜など調理したものも、お造りの範疇に入る。

「焼き物」…主に魚の切り身を焼いたものをいう。粕漬け、味噌漬けを焼いたもの、幽庵焼きも焼き物だ。

「吸い物」…ご飯を食べるための汁物は「汁物」と呼び、酒を飲むための汁物は「吸い物」という。会席料理では、食事とともに最後に出される汁物を「止椀《とめわん》」と呼ぶ。

「香の物」…お新香、漬物のこと。ご飯は汁物、香の物と一緒に出てくるけれど、ご飯は「菜」のなかには入らない。

「揚げ物」…食材を油で揚げて調理したものだが、素揚げ、天ぷら、唐揚げのこと。パン粉をつけてあげるフライは揚げ物には入らないのが一般的だ。そして、南蛮漬け、餡かけなど、揚げたものをさらに調理したものもある。

先付から香の物、揚げ物までが八菜で、吸い物と汁物で二汁。加えて、水菓子といって、果物、甘味が出てくるのが今の和食コースだ。

一方、京味は季節の品を十二から十三品、出した。その代わり、一品ずつは多くはない。料理の皿数が多くなったことについては理由がある。

ひとつは音松との競争だった。音松が作る正統派の料理を見ていて、西は触発された。音松の料理をなぞって出すだけでなく、自ら、くふうをして、一生懸命、自分の料理を作っていった。ふたりがどんどん料理を作ってしまったから、一皿の量を減らして、品数を増やしたのである。

もうひとつのきっかけは代官山にある洋食店「小川軒」での体験である。ある客に連れていかれたのだが、代官山にある小川軒では前菜がひとつではなく、小皿で少しずつ、五皿は出てくる。それが名物の「小皿料理」で、ちょうどスペイン料理のタパスのようなものだ。

当時、小皿料理は珍しく、小川軒へ行く人たちはメインのステーキもさることながら、小皿の前菜を楽しみにしていたのである。

「うん、これはいい」

次々と出てくる小皿に載った前菜を食べながら西は思った。どの皿も気が利いたものばかりで、しかも、少量というのがいい。

店に戻ってから、彼は小皿を用意して、頭のなかにあった、出したい料理を並べてみた。すると、椀物も入れて十三品になった。

和食の世界で小皿の料理を始めたのは西が最初で、以後、京味は十三品の料理とご飯が定番となった。その後、京味のスタイルを真似る和食店は数多い。

マスノスケのご飯

音松の教えを受け、料理が変わり、さらに、品数が増えた。そうして京味のスタイルが決まったのが一九八〇年代のなかごろ、バブル経済が始まる前だった。

同じ頃、京味の名物になる、ご飯が生まれた。それがコースの最後に出てくる、マスノスケを焼いて、白いご飯の上に載せたもの、いわゆる鮭ご飯である。

それまで京味では普通のご飯と香の物を出していたが、ある時、鮭の切り身をもらった。送ってきたのは従業員の父親。仙台で鮮魚店を経営していた。

一口食べてみたら、これまでに味わった鮭よりも格段においしかった。驚くほど脂が乗っていた。

「おい、今度、あれみんなで食べよう。送ってもらってくれ」

家族や従業員で食べようと思って、仙台から送ってもらったのである。一週間後、二十数キロの見たこともないくらい大きな鮭が送られてきた。まるまる太っていて、鮪のような形をしていた。何気なく請求書を見たところ、かーっと頭に血が上った。これほど高い金額の鮭があるわけがない。何かの間違いに決まっていると思った。

西はすぐに仙台に電話をかけた。

「送ってもらってありがとう。立派な鮭ですわ。だけどね、あなた、請求書のゼロをひとつ、間違えてるよ。一〇万円以上の鮭なんて……」

「西さん、すみません、間違ってないんですよ。それ、マスノスケって言って、普通の鮭とは違うんです。普通の鮭はせいぜいキロ一五〇〇円です。しかし、マスノスケはキロ五〇〇〇円なんですよ」

えーっ、そんなに高い鮭があるのかと西は声も出なかった。

マスノスケとはキングサーモンのこと。通常、鮮魚店で売られているキングサーモンは、ほぼ養殖のロシア産だ。一方、京味が使っていたのは日本近海で獲れた天然のものである。味も値段も違う。

そうか、それほど高い鮭なら、まかないで食べるのはもったいない。これだけおいしい鮭だから、お客さまだって、喜ぶだろう。ただし、ただ、鮭の切り身を焼いて出すだけなら、それでは家庭料理だ。何かくふうがいる。

西は鮭の身だけでなく、皮もカリカリになるまで焼いた。そして、鮭のほぐした身をご飯にかけて、その上にカリカリに焼いた皮を小さく切って載せた。すると、皮がいいアクセントになった。

初めて、マスノスケご飯を出してみた日のこと……。

ひと目見て、「なんだ、鮭ご飯か」とバカにしたように言った客がいた。だが、食べているうちに態度が変わった。

「西さん、もう一杯、お代わり」

その客は中年を過ぎていたけれど、まるで運動部に入っている中学生のような食欲で、結局、三杯のマスノスケを載せたご飯をかっこんで食べた。

西は笑った後、ふと心配になった。

「これ、お代わりばっかり、出ていったら、仕入れ代が大変なことになるわ」

それでも、お客が子どものようになって、ご飯をかっこむ姿を見たら、料理人冥利に尽きる。その日から、京味で最後に出てくるご飯はマスノスケのほぐし身を載せたものと決まった。ただし、筍、グリーンピース、松茸など季節のご飯もやる。その場合、客はふたつとも食べることができる。

「うちは食堂ではありません」とは言うものの、西は料理をきれいに食べて、さらに、マスノスケご飯と季節のご飯を両方お代わりして食べる客が大好きだ。

弟子たちへの教育

開店から二十年が過ぎると、巣立っていく弟子たちが出てきた。赤坂、麻布十番に店を出したものもいれば、飲食業をやっていた実家に戻り、家業に精を出す者もいる。西は主人になってからも、欠かさず勉強を続けていたが、教える立場に変わったのである。

弟子に教えるだけではなく、家庭の主婦の役に立つのならと、それまで控えていたテレビにも出て、料理の指導をした。また、レシピをまとめた本も出版した。マスコミ関係の常連から「頼む。うちの番組に出てくれ」「うちで本を出してくれ」と言われたら、サービス業だから、断ることはできなかった面もある。たとえ、そうしたケースであっても、西はテレビや雑誌で饒舌《じょうぜつ》にしゃべることはしたくなかった。

料理を作るついでに、ひとことふたことしゃべるのはいいけれど、それ以上にエラそうな顔で人に説教するつもりはなかった。できることなら、新橋の片隅にある店で誰にも邪魔されずに、こつこつと料理を作っていたかったのだけれど、世の中がそれを許してくれなかったともいえる。

バブルと相前後してグルメジャーナリズムという新しい産業が生まれた。メディアは料理人をタレントに変え、料理人はテレビ番組や雑誌に出るようになった。

ただし、西はそういった風潮に対しては孤高の姿勢を保った。そういう番組へのオファーが来たら、「自分はタレントではありません」とはっきりと断った。メディアに出ることが料理人の仕事ではないとむろん、わかっていたからだった。

弟子とまかない

京味に入ってくる弟子も、それまでは和食店の跡継ぎが知人の紹介で来るケースが多かったのが、いつの間にか調理師学校の卒業生が増えた。独立して店をやることを志望するものがほとんどだから、西としては厳しく指導しなければならない。

ただ、料理の作り方を細かく教えることはない。音松が西にやったように、作るところを見ておけという態度である。

弟子には自分の仕事を見せるだけだ。先付、向付を作り、刺身を切り、お椀を作る。仮に、弟子が料理で身を立てたい、店を持ちたいと思うのであれば、西の仕事を食い入るように見つめるしかない。毎日、ちゃんと見て覚える。そして、店が休みの日に自宅で見た通りのことをやってみるしかない。刺身の切り方を勉強するのであれば、スーパーで安い魚を買ってきて、自分で切ってみる。

白身の魚は薄く、赤身だったら厚く切るのは料理の常識だ。しかし、それだけ知っていても実用的ではない。刺身の薄さ、厚さは魚の種類によって微妙に違う。魚の種類によって切り分けなくてはならない。そのうえで、その時期のその魚の刺身には、どういったツマをつけるのか、薬味は山葵なのか、それとも生姜か。もしくはからしにするのか。刺身を切ると言っても、簡単なことではない。刺身を切ってあしらいを添え薬味をつけて一皿の料理にする。それが仕事だ。

結局、料理の技術を手に入れるには克己心と向上心と情熱がいる。

西は自分の仕事を見せるだけではなく、弟子に毎日、まかないを作らせて、それを食べて、味の講評をした。

京味のまかないは単なる食事当番ではなかった。自分が磨いた技術を西に評価してもらうチャンスだ。だから、弟子はその時に頑張る。しかし、全員が頑張るかと言えば、そういうわけではない。

西には口癖がある。

「まかないを上手に作れないのが、いい料理人になりますか？」

京味には常時、八人から九人の料理人がいた。番頭役のみっちゃんと呼ばれる笠井光夫だけはまかないを担当しない。作るのは新入りの弟子だ。そして、一週間で交代する。

まかないを食べるのは午前十一時と午後四時、そして営業が終わった午後十一時。まかないにはいくつかの決まりごとがある。

「餃子、カレーなど、においの強い料理は休みの前の土曜日、お客さまが帰ってから」

「連日、同じ料理にはしない」

毎日、同じものを作らないなんて、当たり前のことだけれど、それには理由がある。

ある時、まかないを食べていた西が「このじゃが芋の味噌汁はうまいな」と呟いた。すると、翌日も、翌々日も、そのまた次の日も判で押したようにじゃが芋の味噌汁が出てきたのだった。

　彼は叱った。

「あのな、オレはな、じゃが芋やさつま芋を入れた味噌汁は好きだ。だがね、毎日、食べたいわけじゃない」

　以後、「同じおかずは連続して出さない」と決まり、まかないを作る地下の調理場には、それまでに作ったおかずの内容が張り出されるようになった。担当は前週の一週間分のまかないを見て、同じものにならないようにする。

　弟子たちにまかないについて話をした。

「僕らの頃は船場汁というのだけがおかずだった。それとご飯だけ。魚のあらや骨を入れた鍋に昆布一枚を入れた船場汁を飲んで、ご飯をかっ込むだけだった。それに比べれば何でも作っていいんやから、材料を上手に使ってまかないを作ること、それが料理人の勉強だ」

　それでも、西が満足するような、残り物を上手に、おいしい一品に仕立てたまかないは多くはなかった。

　まかないだけではない。西は弟子の仕事をよく見ている。調理技術の他、料理に必要な盛りつけのセンスなどもよく見ている。

「器を持ってこい」と言った時、どういう器を持ってくるかも見ている。鍋の洗い方までじっと見ている。ガスコンロを丁寧に扱うかどうかも見ている。

彼の教え方とはじっと見ることだ。見て、普通は何も言わない。「おかしなことやな」といった顔をして、ただ見る。本人が気がついて直すまで見る。言ったり、叱ったりするのは最後の最後だ。大声で叱るのではなく、ストレートに指摘する。

ただ、開店してすぐの頃はよく叱っていた。たとえ客の目の前でも「ぼやぼやするなっ」「遅い。早う持ってこい」と弟子を怒鳴っていた。だが、ある日、常連の客からこんなことを言われたのである。

「ご主人が板場で叱っていると、まるで自分が叱られているようで、ごはんがおいしくなくなる」

その言葉が胸に突き刺さり、以後、客の前で叱ることは極力、控えるようになった。

西健一郎の話

材料がない時にセンスが出る

初夏から夏にかけて、昔は野菜の種類が少なくなったものです。露地で栽培した野菜が主でしたから、胡瓜、トマトはあったものの、ほうれん草のような葉物は八百屋の店頭に見当たりませんでした。魚介だって、その他の季節よりは少なかったと思います。夏になって素材が限られてくると、料理人のセンスがわかります。筍や松茸があればそれを料理すればいいけれど、夏になると、昔の料理人は知恵を絞り、たとえば乾物を上手に使ったものです。

味噌汁の味

まかないでは味噌汁を出すように言ってます。なんといっても白いご飯にいちばん合うのは熱々の味噌汁ですし、暑い調理場で仕事をしていますから、塩分を欠かすことはできないんです。

修業時代、僕もまかないを作りましたが、「味噌汁はこうやって作れ」と指導されたことはありません。あの頃の人は特に習わなくとも味噌汁だけは母親がやっていた通りに作ることができたんですね。今、うちに来る弟子でも、先輩が教えないと味噌汁の作り方を知らない子がいます。自宅で味噌汁を飲む機会が減ったんでしょうね。

昔、まかないで食べる味噌汁の具は魚のあらが多かった。刺身にした残りの骨で、だしをとって味噌汁に仕立てるわけです。今でも、それを作れと言うんですけどね。だって、魚のあらと野菜をたくさん入れた味噌汁は栄養があるし、ご飯が進むでしょう。

僕は関西の生まれですから、味噌汁と言えば赤味噌と八丁味噌を混ぜたものが体に合います。子どもの頃に食べていた通りに、赤味噌と八丁味噌を八対二の割合で入れています。でも、それが誰にも合うわけじゃありません。

関東の人はやっぱり信州味噌で作ったものが口に合うんじゃないでしょうか。味噌汁は思い出の味ですから、料理屋が作ったからといって、おいしく感じるわけではありません。子どもの頃に味わっていたものがいちばんでしょう。

味噌汁の具には、皆さんが好きなものを入れればいい。私はじゃが芋、さつま芋、豆腐が好きです。赤味噌に合う具としては蜆《しじみ》、豆腐を細かく切ったあられ豆腐、湯葉でしょうか。贅沢しようと思ったら、虎魚《おこぜ》、伊勢海老などもいい。虎魚は赤味噌との相性が抜群です。高級魚ですから丸々一尾でなく、頭とあらを入れればいいんです。伊勢海老ならば信州味噌でも合います。

うちの店ではお客さまにお祝い事があったら、白味噌の汁を献立に入れます。具には、鯛の身、紅白の白玉、小豆などを入れる。甘みがあるので、ご飯と一緒に飲むというより、先汁としてお出しします。具を入れた白味噌の汁の上に溶きがらしを加える「落としがらし」もやります。からしを一滴、ぽとんと落とす。なかなかおいしいものですよ。

包丁、道具の話

調理場に置いてあるものは出刃、鱧切り、刺身包丁、薄刃。薄刃は野菜を切る菜っ切り包丁のこと。和食の料理人ならば誰でもこれくらいは持っています。私が入門した頃、出刃一本と下駄一足を持って店へ入るのが通例でしたが、私自身は身ひとつで入りました。下駄は店からもらい、自分の包丁は一生懸命、働いて、お金を貯めて買いました。

包丁はどれも用途によって使い分けていますが、いちばんよく使うのが出刃です。そして、出刃一本あれば、極端にいえば、どんな料理も作ることができる。修業時代は「出刃を使えるようになれ」と教わったものです。

包丁は手入れしてこそよく切れるもの。使った後は自分で研いでから布巾で水気をよく拭き取ります。

研ぎ方ですが、和食の包丁はいずれも片刃ですから刃のついたほうを研ぐ。包丁の刃を手前に向けて、切刃の部分を砥石に当てて、滑らすように研いでいく。あまり刃を立ててはいけません。包丁の刃元から先端まで均等に研いでいくこと。研ぎ方が下手だと包丁の先端が鉤《かぎ》状に曲がってしまうことがある。料理人はあれを「鷲鼻」と呼ぶんです。鷲のくちばしみたいな形になってしまい、とても使いにくい。

また、砥石の真ん中だけを使うと角が残ってしまう。砥石は平らでなくてはならないので直すのですが、それが大変なんです。当時の流し台は石でできていたので、石にこすりつけて平らにしていました。でも、私は砥石に縄をつけて自転車の後ろに結んで道路を往復したり……。

包丁を使う料理

包丁を使う料理といえばやはりお造り、刺身でしょう。春ならば桜鯛。鯛の刺身になります。さて、鯛ですが、五月になると使いません。五月の鯛は俗に「麦わら鯛」と言って、身がカスカスになる。鯛が子を産んだ後だから、そうなってしまうんです。

初夏の魚は、黒メバルがおいしい。けれど、黒メバルは刺身よりも煮魚でしょう。筍と一緒に煮つけにしたら、これはもう、ほっぺたが落ちます。刺身でしたら、どうでしょう、鮎並《あいなめ》は。鮎並は油目とも言います。春から夏の魚ですね。刺身、洗い、照り焼き、煮つけ、唐揚げと何にしてもいいけれど、今日は火取り造りにしてみましょうか。

（ここで、突然、調理場へ行き包丁を取る）

三枚におろしてから、腹身をすき取るのですが、骨と身だけでなく、腹の皮を五ミリほどつけておきます。こうすると、お椀の具に使えます。骨と身だけをお椀に入れたら、残り物を使ったように思う方もいます。そこで皮がついている身を入れる。それだけで見た目の印象が変わるんです。魚をおろす時でも、ただ機械的に骨を外し、腹身をこそげるのではなく、もう一品に使えるように考えながら包丁を使わなくてはなりません。

鮎並の身を外したら骨抜きで血合い骨を抜く。身が大きい場合は、片身を背と腹に切り分ける。そして、身に串を刺してガスの火で皮を炙ります。強火で焼くこと。弱火でじくじく火を当てていたら、身の方にまで熱が入ってしまう。皮の裏にある脂肪を焼く感じです。皮が生焼けだと生臭くなる。かといって黒焦げになるまで焼いてはダメ。焼けたら、ガーゼを巻いた氷の上に載せて粗熱を取ってから刺身にひく。

刺身にひく場合、白身の魚は薄めに、赤身は厚めが基本。鰹の薄造りなんて聞いたことがないでしょう。昔から、魚の味に合わせて刺身の厚さも決まっているんです。

鮎並の火取り造りは柚子の皮をおろしたものをふって、醤油で食べる。初夏の刺身です。家庭でやる時は魚屋さんでおろしてもらった鮎並を火取ってから、お造りにすればいい。

おろすのが難しい魚

魚をおろすとき、身を開けてはいけません。包丁を入れて骨に当たったら、骨の上に刃を滑らせていく。身を上に持ち上げてなかを覗くと、やわらかい魚は身が割れてしまう。魚に包丁を入れたら、切るときは一気に。私は人差し指を伸ばして出刃を持ち、包丁の刃に伝わってくる感触を頼りに捌《さば》いています。骨に当たった感触がわかれば骨に沿って切っていけばいい。ただし、骨がやわらかい魚は困ります。たとえば、真名鰹《まながつお》は幅が広いから、包丁の先端が骨まで届きにくいし、そのうえ骨がやわらかい。修業中の若い料理人などは、身を切っているつもりで骨まで切ってしまうことがある。おろした骨を見れば、料理人の腕前がわかります。

包丁の話をしましたが、私は特にこだわる方ではありません。自分に合っているものを手入れしながら長年使っています。だから、銅壺《どうこ》も修理しながら使っている。なんでもかんでもお金をかけて新しいものにしようというのはちょっと違うんじゃないでしょうか。私には近代的なものより、使い慣れたものが合うんですよ。

調理道具

あまり、馴染みがないかもしれませんが、銅壺はお湯を沸かすのと一緒に、燗をつけたり、おしぼりを蒸すことができる道具です。関西の古い料理屋さんへ行くと今でもあるんじゃないでしょうか。うちの銅壺はステンレス製ですが、本当は銅で作りたかった。銅壺のなかは三つに分かれていて、一つはお茶を淹れるためのお湯、一つは燗をつけるためのお湯、もう一つはおしぼりを蒸すためのお湯。これは特注品ですから、三つの湯槽になっていますが、よくあるものは燗酒とおしぼり用の二槽のものですね。うちは調理場が狭いから、三役を兼ねている銅壺は重宝な道具なんです。壊れたり、穴があいたり、蛇口が取れたりしましたが、五十年以上も使っているから、捨てるなんて、とてもとても。もったいなくて……。

(銅壺の横にペンチのようなものが置いてあった)

これは、やっとこ。ペンチじゃありません。料理屋では、どこでも片手鍋の柄を取って使います。調理場には何人もの人間が働いているから、ガス台から鍋の柄がはみ出していると、ひっかかってしまうことがある。危ないから柄を外して、やっとこで鍋をつかむのです。そして、柄を外した鍋のことをやっとこ鍋とも言うんです。

まかないに向く煮物

私が生まれた京都では煮ることを「炊く」と言います。多めのだしで材料を浸すように煮て、味がなじんだら火を落とす。余熱で味を含ませていくのです。

大切なのは調味料の入れ方です。火をつけて、鍋を載せたら、すぐに調味料を全部入れてしまう人がいますけれど、あわててはいけません。

甘い味から先に入れていきます。

「さしすせそ」の順に入れると言うでしょう。砂糖、塩、酢、醬油、味噌の順です。砂糖は味が染みにくいので早めに入れる。しかし、材料と同時ではありません。鍋に入れて炊き始めて、ひと呼吸おいてからです。塩は材料から水分を出し、身を引き締めてしまうので、砂糖の後です。酢は酸味が飛ぶので途中に加える。醬油、味噌は風味を生かすよう、仕上げに入れる。

「さしすせそ」は理にかなっています。

こんにゃくのピリ辛煮

こんにゃく、おから、高野豆腐、いずれもそれ自体には味がありません。こういうものは味の入れ方が勉強になります。こんにゃくは茹でてくさみを取ったら、鍋のなかでしっかりと乾煎《からい》りする。水気を飛ばしたら、風味づけに少量の酒と醬油、赤唐辛子を加えて中火で炒り煮にする。煮汁が完全になくなってから火を止めてください。

いわしの生姜煮

いわしは小さめを選ぶこと。そうすれば骨ごと食べられます。頭を落として、お腹の下の部分を切り取り、包丁で内臓をかき出す。生姜は皮を剝いて千切りです。鍋に酒と同量の水を入れ、いわしと生姜を炊きます。沸いたところで醬油を加えて、落とし蓋をして、煮汁がなくなるまで煮る。とても簡単です。

いわしの内臓を取った後、水で洗わないでください。血合いが少し残っている方がコクが出ます。

おから

おからは豆腐を作る時、豆乳を漉して絞った後のもの。材料と合わせて、だしで炊くおかずです。材料は牛蒡、人参、こんにゃく、油揚げといったところです。牛蒡はたわしで土を洗い落として、薄いささがきにします。人参は皮を剝いて細い千切りに。こんにゃくは二センチくらいの長さで細く切ります。そして、熱湯で茹でて、くさみを取る。油揚げは縦半分に切って、その後、細切りです。材料はすべて同じくらいの大きさになるといいですね。

鍋に油をひいて、まず牛蒡と人参を炒めます。次にこんにゃくと油揚げを入れる。

少ししてから、八方だし、砂糖、醬油で炊いていきます。全体を混ぜながら、汁気がなくなるまで煮ます。繰り返すようですけれど、おから自体には味はありません。しっかりと味つけしてください。やや濃いめでいいです。

ひじき煮

ひじきは体にいい食べ物です。ヘルシーな食材です。一緒に炊くのは人参と油揚げ。おいしくするにはひじきと人参、油揚げの大きさを揃えること。ひじきが細いものだったら、人参、油揚げも細く切ります。

まず、ひじきをたっぷりのぬるま湯につけて戻します。その後、水洗いしてください。乾燥ひじきは砂を抱いている場合があるので、戻した湯から上げる時は、上から手でつまみ上げるといい。

人参と油揚げはひじきの大きさに揃えて切ります。鍋に油をひき、人参、ひじき、油揚げの順に入れて、炒めます。全体に油がまわったら、八方だしを入れて炊きます。沸いてきたら、砂糖と醬油を加えて、味を調え、煮汁がほぼなくなるくらいまで煮ます。

こんにゃく、いわし、おから、ひじき、どれも家庭のお母さんの味です。まかないで私が食べたいなと思うのは料理屋の料理ではなく、こういうものなんですよ。

だけれど、なかなか作ってくれる人はいませんね。ですから、時々、自分で作って食べてます。

第六章

円熟の味

——料理人の魂

バブルの後で

日本の飲食店業界が大きく変わったのは一九八六年から九一年にかけての五年間だっただろう。それはバブル景気と言われた時期のことだ。

バブル景気とは土地の価格が上がり、それが株などの金融資産にも影響を与え、庶民に至るまで、にわかに金持ちになったような気分になったことだった。金持ちになった気分でいるから、どんどん金を使う。消費が進み、モノが売れ、旅行、外食に金を使うようになった。

株の値上がりは今では想像もつかない水準だった。一九八三年には八八〇〇円だった日経平均株価は八七年十月には二万六六〇〇円になった。八九年末には三万八九一五円。戦後の最高株価である。その時、日本の株式時価総額はアメリカの一・五倍まで膨れ上がり、世界全体の株式時価総額の四五パーセントを占めた。世界市場全体のほぼ半分が日本の株式の価格というのだから……。そんなことあるわけないじゃないかと思うけれど、実際にそういうことが起きたのがバブルだった。

そのうえ、こんなこともあった。

NTTの時価総額はAT&T、IBM、エクソン、GE、GMを合わせたよりも大きくなり、野村證券の時価総額はアメリカの証券会社全体よりも大きくなった。

「そんなバカな」という時代の話である。

わたしもそのなかにいた。本を書き始める前の修業時代で、仕事もなく、お金も持っていなかった。駆け出しのライターにはバブルでの影響はまったくなかった。しかし、証券会社に勤める友人は三十になったばかりだったのに、あきれるくらい金を持っていた。

毎日のように、友人に誘われて、河豚、しゃぶしゃぶ、ステーキ、寿司、天ぷら、フレンチ、イタリアンと食べ歩き、その後、必ず銀座のクラブへ連れていかれた。生まれて初めて、高級河豚店へ足を踏み入れた。イタリアンの店では初めてアルバ産白トリュフをパスタにかけてもらった。ブラン・ド・ブランというシャンパンも飲んだ。わたしと同様の体験をした若者は少なくなかったと思う。

あの時から、普通のビジネスパースンは気軽に食べ歩きをするようになったのではないか。それまで美食は決して「気軽に」楽しむことではなかったから。

家族や一般のビジネスパースンにとってファストフード、ファミリーレストランは気軽に行く外食店だったけれど、繁華街にあるビストロ、イタリアンレストランは主に接待で使われるところだった。それが、バブルの頃から、カジュアルなビストロ、イタリアンレストランが誕生し、家族連れ、若者も利用するようになったのである。

バブルの初期にブームになったのはフランス料理のうち「ビストロ」だった。「ポパイ」「ホットドッグ・プレス」といった若者向け情報誌には「特別な日にはビストロでデートする」特集が何度も掲載された。

ひとつ、記憶がある。あの頃、クリスマスイヴになると、タキシードを着て、電車に乗っている若者がいた。タキシードを着た若者はおそらく彼女とビストロで待ち合わせたのだろう。食前酒にキールを頼み、同時にティファニーのオープンハートをプレゼントしたのだろう。

当時のクリスマスイヴには、人気のあるビストロ、イタリアンレストランは午後六時と八時の二交代制だった。なかには、午後五時、七時、九時と三交代制だった店もあったくらいだ。

そして、ビストロの次に流行ったのがイタリア料理店である。

八五年、原宿の神宮前一丁目に「バスタパスタ」というイタリアンレストランができた。オープンキッチンの活気のある大型店で、芸能人、文化人が席を埋め尽くしていた。それまで、イタリアンレストランで芸能人が通う店といえば飯倉の「キャンティ」だったが、バスタパスタにはキャンティよりも、若い世代の人々が集まっていた。以後、バスタパスタのような若者向けイタリアンレストランが続々と開店する。

イタリアンレストランが「イタめし」に変わった時だった。

フランス料理に行くにはタキシードとはいかないまでも、正装が必要だったが、イタリアンレストランにはカジュアルな服装で入っていくことができた。ワインもフランス料理にはボルドー、ブルゴーニュ、ローヌなど産地がたくさんある。ワインの産地を覚えるには勉強が必要だった。一方、イタリアのワインならキャンティとバローロの二種さえ覚えておけばそれで十分だった。

どこの町にもできたイタリアンレストランはバブルの後、ファミリーレストランのカテゴリーに入ったと言える。

そして、外食のカジュアル化を受けて、グルメ産業という業種が現れた。一九九一年、食の雑誌「ｄａｎｃｙｕ」が創刊され、部数を伸ばしていく。「ｄａｎｃｙｕ」の成功に触発され、同種のグルメ雑誌が続々と現れた。情報誌、女性誌も飲食店の紹介を目玉記事に掲げるようになった。次いで、雑誌をネタ元にしたテレビの番組が作られるようになった。

極めつきが一九九三年から放映された「料理の鉄人」だろう。外食がエンターテインメントとなり、料理人がアイドルのようにもてはやされた。

料理人だけでなく、ソムリエ、パティシエも有名人になっていく。グルメ業界は拡張していった。フードコンサルタントが生まれ、野菜ソムリエが活躍し、日本酒ソムリエができ、フードアナリストも登場した。業界は成長し、すそ野はますます広がっていった。

和食店も影響を受けた。キャビア、フォアグラ、フカヒレといった高級食材を和食に採り入れる料理人が次々と出てきた。カウンターでの調理を「パフォーマンス」と呼び、大げさに振る舞うことが正しいと思う料理人もいた。有名になった料理人が経営する飲食店は系列店を展開するようになった。料理人から料理店経営者へと変わっていったのである。

ただし……、そんな時代でも、さまざまな時代の変化があっても、西健一郎と京味は変わらなかった。

バブル景気の後、京味に対する評価は上昇したのだが、西はまったく気にも留めなかった。

メディアへの出演もなるべく避けて、カウンターに入り、毎日、目の前の客を相手にした。経営者ではなく、ひとりの料理人として音松から習った料理、自分でくふうした料理を一心に作った。

後にミシュランガイドの日本版（二〇〇七年十一月）が発売される時、調査員が京味に来て、「掲載したい」と頼んできた時も、「結構です」とあっさり断った。彼にとって味の評価とは客がもう一度、食べに来てくれるかどうかであり、メディアに載ったとか、三ツ星だったとかは何の意味もないものだったからだ。

京味は皿数が増えてからも、料理の内容はほぼ同じだった。変わったとすればそれは、自分が考えたり、音松が作っていた料理をアレンジし直したものだろう。なんといっても音松が出していた料理の数は多く、幅も広い。それを下敷きにして、西が考え出した料理を加えれば三〇〇種類以上にはなる。どれも変わったものではなく、手間がかかるおいしい料理だった。

カウンターのサービス

カウンターの料理店では主人がその場にいて料理をし、客と話をする。それが基本だ。弟子に料理をまかせて、他の店のシェフと「コラボ」（コラボレートの略）したり、ホテルで食事会を開いたりする料理人もいる。悪いとは言わない。顧客に頼まれて出張料理を行ったり、パーティで挨拶することをやめろなんてことは誰にも言えない。

しかし、西はやらない。カウンターのなかの調理場で仕事をし、客を迎える。出張の料理も原則はやらない。しかし、懇意にしていた客が亡くなった場合、弁当を作って持っていく。祝いの席は遠慮した。

西が言った。

「主人が店にいて、お客さまの前で料理をするのは当たり前のことです。どこか不思議ですか？」

「いえいえ、ちっとも不思議ではありません。話を変えていいですか。独立して、カウンターの店を開いて、お客さんの前に立った時、どんなことを感じましたか？」

うーん、彼は首をひねった。

「最初の頃はカウンターに立って、自分の手元が気になって仕方がなかった。手元をじーっと、見られていたら、いつもより手が動かないですよ。

カウンターで覚えたのは、しゃべる時はお客さんの目を見ることやった。そうすればお客さんの目線は手元に来ないでしょう。自分の手元を見ながら話をすると、相手の視線が来る。それはやりづらいもんですよ」

「料理の撮影とかテレビで料理をする時は緊張しますか？」

彼は「アホな」と笑った。

「僕は割合とあつかましいんだろうね。カウンターで長くやってるから、見られるのは慣れてるね。なんともないですわ。平岩（弓枝）先生のドラマで料理人が出てくるでしょう。先生の番組の料理のシーンで吹き替えをやったことがあります。料理人の顔が映っていて、料理になると、僕の手が映る。あとで、『あれ、西さんの手でしょ』なんて言われたこともありました。料理番組よりも、ああいったドラマの吹き替えの方がかえって緊張するね。料理番組だと鍋をいくつも使ったりするけれど、ドラマはひとつの鍋でおかずを作る。考えてみればドラマの料理の方がリアルですよ」

「カウンターのサービスで気をつけることはありますか？」

「うん、ある」

そう答えてから、彼は少し考えた。

「うちの親父の時代はカウンターの店はまだ少なかった。親父もカウンターに立つのは慣れてなかったたね。自分の仕事をお客さんに見られるのは苦手だったんでしょうね。僕は修業した店がもうカウンターだったから、五十年以上、やっていることになる。そうだね、最初はお客さんに失礼があってはいけないと思うから、新聞を読んで、時事問題も勉強して普通の常識程度はわかるように勉強してから店に出ました。

その後、それこそバブルの後からですけれど、『この鯛はどこのもの』とか『松茸は丹波だね』と、産地や食材のことをよく聞かれるようになりました。それからはできるだけ産地に行って、漁師さんや畑をやっている人と話をして、食材の知識を覚えるようになりましたわ」

京味のサービス

わたしが見た西健一郎のサービスの技とはこういうものだった。

京味のカウンターは九席だった。一階に四人が座れる小部屋、二階にも部屋がひとつ。

カウンターを指定する客は二人で来るか、もしくは三人。そのうち一組は常連というケースが多い。常連のなかにはひと月に二度、三度、来ている人がいる。京味の料理は月替わりだから、二度目の人は前回と同じものを食べなくてはならない。しかし、西としてはそれを申しわけないと思うのだろう。いくつかは他の人が食べているものと違う料理を出す。だが、それが他の人にわからないように、常連用の料理は深い器に入れて出したりする。常連は自分が食べている料理がその月の献立とは違うことに気づくが、周りを気にして、特に何も言わずに食べる。

何度も来ている人で、「これは苦手、この食材は食べられない」という人がいる。たとえば、長友（啓典）さんは胡瓜が苦手だった。そして、鮎も食べられなかった。鮎は「キュウリウオの仲間だから、胡瓜のにおいがするんや」と顔をしかめて言っていた。西は長友さんには胡瓜を使った料理を絶対に出さなかった。鮎の代わりに鯛のカマを焼いて、蓼酢で食べさせた。長友さんに限らず、客の好き嫌いをちゃんと覚えていた。毎日のノートにつけていたのだろう。

平岩弓枝さんは体調が悪かった日、京味で人と会食する機会があった。

カウンターのなかから様子を見ていた西はいつもよりも料理を小さく切り、しかも、少量にした。食べる様子を見ながら、ひとつひとつの皿を出した。帰る時、平岩さんは言った。

「西さん、私、今日、体がだるかったけれど、今、お腹いっぱいだし、元気になっちゃった」

また、夏の暑い日にゴルフをしてきた後、京味に来る常連がいる。スポーツをして、汗をかいている。

そういった客が来た時、西は、たとえばあら煮を出すとしたら、なかに粟麩を入れる。粟麩が醬油の味を吸い込んでいるから、ややしつこい味かもしれない。しかし、汗をかいて塩分が足りない客は粟麩をうまいと感じる。

カウンターの料理、カウンターのサービスとは目の前の客の様子を観察して、話をしながら好みのものを推測し、そこに向かって料理を決めていくことだ。通常の献立では、目の前の客の要望には沿えないと判断したら、内容を瞬時の判断で変える。カウンターの料理とは本来、そうあるべきだ。しかし、それができていない料理人が圧倒的だ。

鮎の代わりに鯛のカマを出すといった知恵は料理の引き出しが多くなければできない。

西は言う。

「カウンターのもてなしって、話が上手ということではありませんよ。お客さんに『ここの料理は自分がイメージしたものに近いな』と思ってもらうことですよ。それで、おいしいと言われたら、私もほんとに嬉しい」

ファミリーサービス

京味で接客を担当するのは妻とふたりの娘の他、長年、勤めている仲居さんだ。特別に客に話しかけるわけでもなく、無愛想でもない。料理を運んできて、微笑するだけだ。客と話をするのは西ひとりである。そして、家族だから、ことさら指示しなくとも、妻とふたりの娘は西が言おうとしたことがわかっている。そして、先んじて動く。

娘ふたりは西に情報を提供する。

「大将、高橋さん、ゴルフ帰りですよ」

「秋元先生は来週の木曜日も入ってます」

「大将、長友さんは奥様とお見えです」

すると、西は番頭役のみっちゃんに言う。

「長友先生に鮎の代わりに鯛のカマを用意しといてな」

みっちゃんは返事をする。

「さっき、麻里子さん（次女）から聞いてます。もう用意してありまっせ」

日々の献立はあらかじめ決まっているのだが、こうした情報を聞いて、西はひとりひとりの献立を手直しする。

京味はシャンパンもワインも用意しているけれど、ソムリエはいない。西は酒飲みではないけれど、自分が飲んで、いいなと思ったものを置いている。赤ワインはシャトー・トロタノワ。ペトリュスと同じ造り手が醸造したワインだ。西はめったにワインの話をしないけれど、上機嫌な時は「これはペトリュスの近くの畑で穫れたワインです」とだけ言う。

「じゃあ、開けてください」

そう頼んだら、「高価なもんや」と言いながら、おまけと言いながら、牛肉を焼いて出してくれた。

京味には高級ワインもあるけれど、倍の値段をつけたりしない。二〇〇〇円程度の手間賃を載せるだけだ。常連が持ち込んだ場合はお金を取らない。

「うちは銀座のクラブではありません。料理屋です」

酒やワインで儲けるつもりはないということだ。

さて、和食であれ、フレンチ、イタリアンであれ、高級店でサービスを担当するのは家族ではない。サービス専門の従業員だ。しかし、京味はずっと家族がやってきた。代わりばんこではあるけれど、家族全員が店に出る。シチリア島にあるトラットリアのように、お母さんはお母さんなりのサービスで、娘たちは娘たちのやり方で、客を自分たち家族の友人としてもてなす。客はまるで西家の居間で食事をしているような気分になり、リラックスできる。特に、初めての客、若い客に対しては、家族のサービスが客をほっとした気持ちにさせる。

京味は初めての人にとっては緊張する店だ。しかし、入ってしまうと、気楽に食事ができる。こけおどしのサービスはない。

京味以外の高級店は初めての客を緊張させる要素で満ちている。……有名人がいる。金持ちの客が威勢のよさを見せつける。美女がいる。常連が主人と親しく会話をしている。高級酒が並んでいる。

京味には有名人も美女もいるけれど、西は決して特別な扱いはしない。有名人の方も、それが当たり前とわきまえている人だから常連客だ。有名人だから、常連だからと言って西を独占して会話しようとする客はいない。京味における常連とは「オレは常連だぞ」と他の客に見せつける人間のことではない。

客席の上には名前の入った赤い提灯が並んでいる。事情を知らない人は「有名人の名前入り提灯」だと思ってしまうけれど、決してそうではない。西が「おいしいものとは何かを知り、料理を教えてくれる」と感じた人たちのために、感謝のしるしとして提灯を飾っている。

ただ、従業員たちにとって「提灯組」の客はどうしても特別な人になってしまうようだ。だからといって、西は提灯を飾った人たちに何か特別なサービスをするわけではない。他の客、初めて来た客と食べるものはおなじだ。

京味のサービスの特徴は「お客さまはすべて一緒」を徹底していることにある。

もうひとつ付け加えるとしたら、調理場、客席の隅々まで主人の目が光っていることだろう。

客が残したら、西は「これ、どこかいけませんか」と聞き、「ええ、ちょっと貝は苦手で」と言おうものなら、「それは失礼しました。みっちゃん、白身に替えて」と代わりのものをさっと出す。もし、コースの後半で、客が「もうお腹、一杯ですから」と言ったとする。すると、「そうですか。でも、甘いものは別でしょ」と名物の葛切りやぜんざいをすすめる。

洗い場には食器洗い機はない。和食器だから、割烹着を着た洗い場の女性が手で皿や小鉢を洗う。客が立て込んできて、洗い場に食器が重なるようになると、西は自ら洗い場に立つ。調理の時の動作はゆっくりとしているが、皿や小鉢を洗うのはおそろしく速い。追いまわしを十年もやったから、食器洗いはお手の物なのだろう。

西健一郎の話

料理屋のサービスについて

料理屋のサービスですか？

僕は「また来たいな」と思ってもらえることだと、ずっと肝に銘じています。それには、お客さんが来る前から持っているイメージに近い料理を出すこと。そして、気楽に食べていただくこと。

お客さんのことはいろいろ知っておきますけれど、やはり顔を合わせるまではわからないわけです。この方はお酒が好きだから、それに合うものを出してあげようとか、今日は顔色がすぐれないから量は少なめにした方がいいのかな。黙って、少なくすると、ケチったと思われますから、ちゃんと最初に断りますけれど。

私が二階の部屋の挨拶に行っていたり、カウンターの端っこにいて、お客さんの様子をつかめない時は妻か娘、そして、仲居さんがちゃんと様子を見ています。みんな、しっかりしていますから、お客さまの様子が板場に伝わってきます。

僕らはお客さまの箸の動き方を見ていますよ。料理は見ません。お客さまの箸を見ています。好きではないものが出てきたら、やはり、箸は進まないもんですから。あと、僕は初めての方に気を使います。初めての人はどうしても緊張されるでしょう。うちに初めて来た静岡の料亭の女将が帰り際に言ったことがありました。

「今日は、ご主人とお話ししたかった」

ああ、気配りが足りなかったな、と。遠慮せずに声をかけてもらえればカウンター越しに話をするんですが、とても遠慮深い方だった。でも、初めての人はみんなそうかもしれません。だから、こっちから声をかけてあげないかんですね。初めての方には気楽に召し上がっていただきたいです。なんといってもカウンターなんだから。お茶席じゃないんです。

でも、サービス、接客はお客さまから教わるものです。

阿川先生、茂登山さん、長友さん。御家元、佐治さん、平岩先生、見城さん、伊集院さん、佐和子さん、秋元先生、（ビート）たけしさん、高橋さん、みんな、気のいい方たちばかりで。うちはお客さまに恵まれています。感謝しようと思って、一生懸命、料理をこしらえ、お客さまと話をしているんです。うちのサービスはそれだけですわ。

京味の料理を支えているのは日本の素材だ。

それも旬の野菜と鮮魚である。

筍、鯛、鱧、茄子、甘鯛、松茸、栗、蟹、大根……。

西健一郎はそれぞれの素材について、勉強し、何度も料理をしながら質を見極めている。

筍

私は最盛期の素材がいちばんやと思っています。走りは走りのうまさがある。でも、やはり、自然に出てくる盛りの時期、それがいちばんおいしいんですよ。

筍だったら四月の十五日過ぎて、うちで直炊きをする頃です。走りの小さいのはどうしてもあくが強い。

筍を今、生で食べさせる料理人がいると聞きました。でも、どうでしょう。おいしいんですかね、それは。

私らの若い頃は山で「焼き筍」をやりました。筍のまわりをスコップで掘って、根はぽんと切る。山のなかで、藁《わら》を着せてそのまま焼くんです。焼けたら皮を外して、輪切りにして刺身のようにして食べる。それはおいしいんだけれど、竹藪が傷んで、三年は生えてこなくなる。それでもうできません。うちでは、掘りたてのやつを送ってもらって、丸のままガスで二時間くらいかけて焼きます。それを切って刺身にして出します。

京都には「白子」と呼ぶ筍があります。筍にイボイボがついているでしょう。普通は赤いけれど、白子のそれは白いまま。穂先は薄い黄色をしています。京都の筍がいいのは畑の管理がしっかりしているからでしょう。地味がいいから、いいものが育つのでしょうね。

朝掘りというのは前日の夕方、農家の人が竹藪を見回って、土が盛り上がっているところに目印をつける。次の日の暗いうちから掘ったものが朝掘り。それを届けてもらってます。焼いた後、刺身にもしますが、いいのは直炊き。えぐみなんてありませんよ。糠であく抜きなんかしないで、そのまま、だしで炊き上げる。一口食べると、さくっと……。甘みもありますし。盛りの季節の筍は直炊きに限ります。筍ご飯もおいしいね。うちでは筍の穂先に近い皮、絹皮だけを入れた筍ご飯を炊きますよ。そうそう、京味の筍ご飯は筍だけ。油揚げも入れません。筍だけが入っているから筍ご飯と言うんです。それは松茸ご飯も一緒、いろいろなものを入れたのはかやくご飯。それは別物ですよ。

鯛

日本を代表する魚が鯛でしょう。味、姿、色と三拍子揃っている。そして、日本人がいちばん好きな魚です。

私たちが鯛と呼んでいるのは「真鯛」のこと。本鯛とも言われ、他の鯛とはまったく味、姿が違う。

神戸の宮田さんが送ってきた明石の鯛をずっと使っています。やっぱり明石の鯛がいちばん。明石の鯛は瀬戸内海をのぼってきて、速い海流のなかで鰭《ひれ》を動かす。運動量があるから身が引き締まって弾力がある。

桜の花が咲く頃の鯛を桜鯛と言い、冬の鯛を寒鯛と呼びます。寒鯛は脂がのっていて、食通の人は「寒鯛は桜鯛よりもいい」と言います。しかし、私は鯛がたくさん獲れる時期、桜鯛に限ると思う。

鯛は釣ってすぐのとれとれより、少し経ってからの方がいい。明石では一夜活けと言って、釣ってきた鯛を海水の生け簀に放します。そうして、ストレスを取って身をならしたものを名人が活け締めにする。

鯛の鮮度は頭を両手で持つとわかります。頭を持って胴がしなやかに弓なりに曲がるのがいい。ぴんと張っているのは死後硬直してから時間が経ったもの。あとは、全体の色、艶、身の張り具合から判断します。

鯛は捨てるところがありません。刺身、頭は兜《かぶと》煮、骨は潮《うしお》汁、皮はせんべい、はらわたは塩辛、鯛めし、鯛茶漬け。もちろん、塩焼きもいいです。一尾を塩焼きにしなくともカマを焼いて、蓼酢で食べる。

鱧

京都の七月は祇園祭です。別名が鱧祭りというくらいで、京都の人は鱧を食べてお祝いする。祇園祭の頃、京都の町を歩くと、路地の奥から鱧の身を焼く香ばしいにおいが流れてきます。

流通事情が悪かった昔、瀬戸内から京都まで運んできて、唯一、生きて届くのが鱧だというくらい生命力が強い魚で、夏の京都には鱧くらいしかなかったから、鱧料理が発達したんでしょう。

鱧は煮ても焼いても刺身でも何でも食べられる重宝な魚ですが、「骨切り」ができないと話になりません。鱧専用の骨切り包丁という大きな包丁があるんですが、リズミカルに切っていく。切るのは骨です。鱧の硬い骨を切る。皮まで切ってはいけません。皮一枚を残して切る。

京味では鱧を使うのは七月、八月。九月はちょっとお休みして、十月に松茸が出たら、鱧と松茸の鍋にする。出会いものですね。

骨切りした後、さっとお湯にくぐらせた「落とし」は梅肉を添えますが、そこに山葵を入れて混ぜると酸味がやわらぎます。

椀物では「牡丹《ぼたん》鱧」です。葛打ちした鱧を湯に放ち、牡丹の花のように開かせて椀種にします。お椀のなかできれいに咲かせるにはできるだけ身の厚い部分を使うこと。それにしても、鱧の料理には京都の人の知恵が現れている。

淡路島では「鱧と玉ねぎの鍋」をやるんです。骨切りした鱧と特産の玉ねぎだけの鍋。私もやってみたことがありますけれど、これもまたいいものです。

茄子

茄子は夏のものです。強烈な太陽の光を浴びて、つやつやと輝く。うちで使うのは賀茂茄子です。漬物もいいし、炊いてもいい。焼いても揚げてもいい。

賀茂茄子ではまず田楽でしょう。油と相性がいいので、フライパンに油をひいて、なかがやわらかくなるまで焼く。そうして田楽味噌をかけてオーブンに入れて表面だけ焦げ目をつける。

田楽味噌の作り方ですけれど、白味噌、砂糖、卵黄、酒、すり胡麻を鍋に入れて、よく混ぜ合わせる。直火ではなく、湯せんにかけて煮詰めていく。だいたい、五時間くらいはかかります。家庭でやるときも湯せんがいいでしょう。焦げつくことがないから、時々、混ぜ合わせればいいのだから。時間をかけて、ゆっくり煮詰めていった方が上等な田楽味噌ができあがります。

鰊茄子もいい。身欠き鰊と茄子を炊いたもので、京都の家庭ではおかずとして出てきました。茄子の身に鰊の脂が溶け込んで、とろける味わいです。こういうおかずもきちんと作って、いい器に入れれば料理屋の一品にもなる。

甘鯛(ぐじ)

ぐじは関西での呼び名。関東では甘鯛。ぐじのなかでも福井県の若狭で揚がったものが若狭ぐじ。獲ってから浜でエラと内臓を抜き、腹開きにしてひと塩したものです。ぐじは魚のなかでも水分が多いから、ひと塩すると、水気が抜けて身がしまるし、味ものってきます。若狭ぐじは糸造りにしてお造りにするのが多い。

昔、京都の料理人は若狭のひと塩したものをぐじ、塩をしていない生のままのものを甘鯛と言っていました。

甘鯛には三種類あります。

白甘鯛、赤甘鯛、黄甘鯛。一般に、甘鯛と呼んでいるのはほとんど赤甘鯛のこと。白甘鯛は白川とも呼びます。赤みが薄い。味では白川、赤甘、黄甘の順で、値段もその順番です。

水気を抜くためにひと塩でなく、味噌漬け、粕漬けという方法もあります。酒蒸しにする場合は生の甘鯛に塩をして、身を引き締めてから、そぎ切りで使います。あと、甘鯛は身がやわらかいので包みものにも使います。手鞠寿司、百合根をくるんだ蒸し物、かぶら蒸し……。また、ぶつ切りの若狭ぐじに葛粉をまぶして油で揚げた唐揚げもいいもんですよ。

松茸

秋になると、どこでも松茸と松茸ご飯が出ます。今は高くなってしまいましたが、私が子どもの頃はたくさん採れたから、値段も安く、毎日のように食卓に上りました。松茸は余計なことはしない方がいい。塩を振って焼いて、柚子と醤油で食べるのがいちばん。松茸ご飯もいい。もちろん、フライにするのもいいし、すき焼きに入れてもいいけれど。松茸のフライにはウスターソース。関西ではそれが当たり前でした。

子どもの頃、松茸を入れたすき焼きが出ると、母親から「子どもは牛肉より松茸を食べなさい」と言われたものです。あの頃は牛肉の方が高かったからね。それが今や松茸の方が高くなって……。

松茸はね、山で焼いて食べるのが何と言ってもいい。筍と同じです。採ったばかりのものを落ち葉を集めて、蒸し焼きにする。柚子を絞って醤油をかける。でも、これも山が荒れるから、もうできませんけれど……。

私が修業していた頃の話になりますが、秋になると、松茸売りのおじさんがやってきて、大きな籠から使う分だけ取ってくれと。もちろん、お金は払いますよ。一本一本、良さそうな松茸を取って店の籠に移すんですけれど、その時、なかに虫がいるかどうかを調べるために軸を持って、きゅっと力を入れる。

松茸売りのおじさんはじーっと見ていて、「押さえちゃいけませんで」と言う。でも、握る。虫が入ったのは買いたくないから。きゅっと握って、弾力がないのはなかに虫がいる証拠。空洞になっているんです。

今はもうそんなことはしませんよ。うちで使うのは丹波の松茸だけですから。まあ、鱧のしゃぶしゃぶを作る時に、他の産地の松茸を使うこともあるけれど、丹波物ではない場合でも国産です。

松茸は国産がいちばんですが、いろいろな国からの輸入も増えてますね。フィンランドとメキシコ産の松茸の香りはよかった。日本の松茸に似ています。中国、韓国のは形はいいけれど、香りはいまひとつですね。

どびん蒸しは料理屋料理でしょう。関西では松茸と鱧を合わせます。このふたつだけで作るのがいい。鶏肉や海老を入れる店もあると聞いていますけれど、松茸の風味が台無しになる。松茸ご飯もそうですよ。いろいろな具を追加しないで、松茸だけで炊く。うちではずっとそうしています。

鱧のしゃぶしゃぶに松茸を合わせるようにもしています。小鍋仕立てにしただしのなかで、鱧を泳がせて、鱧のだしが出たところで松茸を入れる。鍋のなかで鱧と松茸の風味が出会って、深みのある味わいになります。

栗

丹波の栗は甘い。栗の甘みというのは自然の甘みです。砂糖の甘さとはちょっと違う。子どもの頃は二十分くらい茹でて、包丁で半分に切ってスプーンで食べていました。

山の栗畑に拾いに行ったものです。手で採るのは危ないから火箸を持っていく。

落ちてる栗はいがが割れてるでしょう。長靴の両足で栗を踏んで、火箸でなかの栗を取り出す。いがは青くても、なかは茶色になった栗が出てきます。それを焚火のなかに入れて、焼けて皮がはがれてきたのを剝きながら食べるのがおいしい。

うちの親父は丹波の甘い栗を食べていたから、若狭ぐじの栗蒸しをよく作っていました。茹でて裏漉しした栗をぐじに載せて蒸せばいい。餡には山葵を溶かして、上からかける。若狭ぐじの塩かげんと栗の甘さがバランスよくて……。親父が考えた料理のなかでもおいしいもののひとつですわ。

家庭では栗ご飯でしょう。これは難しくはありません。生のまま包丁で皮を剝き、縦半分に切る。米を研いで、栗、昆布、塩を少々で炊き上げる。だしはいりません。栗と食べるのが目的だから。炊飯器でやればいいんです。包丁で栗の皮を剝く時だけ、気を付けてください。皮がつるつる滑るから、包丁でケガをしないように。

大根

大根は日本中のどこでも食べる野菜です。昔は地方の数だけ大根の種類があったと言います。それくらい好まれた野菜なんです。京都には聖護院大根という京野菜があります。丸くてやわらかく、苦みのない甘い大根。ただ、京都でも普通に食べているのは青首大根。地面から出ているところだけ緑色になっている大根ですね。

大根を使った料理はいくつもありますけれど、炊く前に蒸しておくのがいいでしょう。中央に竹串がすっと通るくらい蒸して、あらかじめ水分を出してしまう。蒸した後、煮れば大根がだしを吸ってくれます。そうして、透明になるまで煮てやれば箸で押さえただけですっと切れる大根になります。

風呂ふき大根は大根を三センチくらいの輪切りにして、皮を剝き、面取りをしておく。それを竹串が通るまで蒸します。だしを入れた鍋に大根を入れ、塩、醬油を加えて二十分ほど弱火で煮ていく。煮あがったら、上から田楽味噌をかける。柚子の皮を擂ったものを載せれば風呂ふき大根の完成です。

大根をお椀にする場合はぐじの下に満月、もしくは半月に切った大根を敷きます。また、お椀の汁に大根おろしを絞って、みぞれ汁にすることもある。みぞれにするのは大根ならではの使い方と言えます。

蟹

日本人は私も含めて蟹が大好きです。海老も好きですけれど、まあ、私の周りでは蟹好きの方が多い。

蟹の種類は多い。毛蟹、タラバ蟹、ズワイ蟹、渡り蟹、花咲蟹といったところが代表的です。日本料理屋で使うのは十一月に解禁されるズワイ蟹。地方によって呼び名が変わって越前蟹、松葉蟹。私たちは松葉蟹と呼んでます。大蟹と呼ぶのが雄の松葉蟹、こっぺ、香箱と呼ぶのがメスの松葉蟹。

松葉蟹のおいしさは身の繊維の弾力と甘みでしょう。加えて蟹味噌。濃厚な蟹味噌と甘みのある蟹の身が合います。

菱蟹

渡り蟹を関西では菱蟹と言います。菱形をしているから菱蟹。なぜ東京へ来ると渡り蟹なのか。よくわかりません。なんといっても、東京湾は菱蟹の大産地ですよ。大森海岸では大量に獲れたと聞きます。今はズワイ蟹がもてはやされていますけれど、菱蟹は甘みがあるし、「ズワイよりおいしい」と言う魚屋さんも多い。

菱蟹はほっくりしていて、ズワイ蟹よりも甘みがある。そこがいいんです。

蟹は獲ってすぐに茹でないと身が痩せてしまう。海水に入れておいてもダメ。また、蟹は紐で縛って動かないようにしておくことが大事です。ガサゴソ動いたら、蟹の身のなかにある水分が流れてパサパサになってしまう。だから、動かないようにしておくんです。

もうひとつ、菱蟹でおいしいのは子です。菱蟹の子を蟹ウニというのですが、甲羅を開けるとオレンジ色の子がいっぱい入っています。それを取り出して塩をして水分を抜くとウニのようになってくる。見た目がウニに似てくるから蟹ウニ。炊きたてご飯にちょっと載せて食べてもいいし、お酒にも合います。香箱蟹の子もいいけれど、おいしさでは菱蟹の子の方が勝っています。

蟹の甲羅ご飯

松葉蟹はうちでは茹で蟹、焼き蟹で出します。コースのなかの一品ですから、蟹の足が一本、身と蟹味噌を混ぜたものをつけるくらいですが。

蟹しゃぶもやります。鰹の一番だしに蟹の爪、足の先っぽを入れてだしをとり、塩と醤油で味を調える。そのなかに蟹の足を生で入れてしゃぶしゃぶにして食べる。食べる時は三杯酢か土佐酢。二杯酢ではちょっと酸っぱいと思うんです。ただ、人によっては蟹は何もつけずに食べた方がいいとおっしゃる。人それぞれですし、余計な味をつけないで蟹の甘みを感じるのもいいでしょう。

修業していた頃の話です。ある方の家に出前に行ったら、火鉢に松葉蟹のオス、大蟹の甲羅をかけていました。何をしているのかなと思ったら、スープを作っていたんです。

「健ちゃん、これがおいしいんや」と言って、スープが沸いたら、ご飯をよそって。私にも少し、分けてくれました。

それが甲羅ご飯を食べた最初です。こんなおいしい食べ方があるのかと感心しました。いつか自分で作ってやろうと思い、独立して、大きな蟹を仕入れられるようになってから作ってみました。ところが、やってみたら、なかなか味が決まらない。おいしいことはおいしいけれど、何かが足りないとずっと思っていたんです。酒、醬油だけでは何か足りないな、と。やっとわかったのはお酢を入れることでした。酢を少量加えると味が決まる。これは二杯酢、土佐酢でもいい。

甲羅ご飯の作り方は甲羅を炭火にかける。酒を入れてアルコールを飛ばす。次に八方だしもちょっと入れる。酒が八割くらいの感じです。そこに生姜を絞って酢を少量入れる。スプーンに一杯程度です。薄口醬油で味を調えてご飯を入れる。蟹の身、蟹味噌を加えて、五分か十分、コトコト炊いていくと、ご飯がおじやになってくる。そこに玉子を溶いて入れます。あまり火を強くすると甲羅が焦げて穴があくので、火加減に気をつけてください。

カウンター割烹で甲羅ご飯を作る場合に気をつけることは、誰かに出して誰かに出さないわけにはいかない。ですから、甲羅を三つくらい使って、ご飯を作ったら、それをお茶碗によそって、少しずつ出すことにしています。

蟹チャーハン

蟹チャーハンは店では出しません。まかないで食べることもあるけれど、基本は私が家で作って食べる時の作り方です。残った蟹の身の再利用でしょう。蟹もズワイでなくとも菱蟹でもいいし、缶詰でもいい。蟹の身の他は生椎茸、長葱、玉子があればいい。

椎茸は軸を取って一センチ角、葱は五ミリ幅の輪切りに。

中華鍋に油を入れて、炒り玉子を作っておく。玉子はいったん、別皿に取り出す。葱、椎茸、蟹の身を加えて炒め、玉子を載せておいた皿に移す。そして、また同じ鍋に油をひいてご飯をほぐしながら炒めます。要するに、玉子、具、ご飯は別に炒めると、できあがりがべちゃべちゃになりません。

最後に全部混ぜて、塩、胡椒、醬油で味を調える。具や玉子を足していくと、長葱に火が通り過ぎて、焦げてしまう。

これまで一度も言ったことがなかったが、チャーハン作りの最大のコツがある。新しい油でなく、一度か二度使った油の方がコクが出る。あまり何度も使った油はダメですよ。フライを揚げた油がいいでしょう。油にコクがあったり、香ばしかったりして、おいしくできます。材料は何を使ってもいいけれど、葱は長葱がいい。

玉ねぎだと水が出てべちゃべちゃになるから。

携帯の写真はダメ。

そうそう携帯で写真を撮るのが流行ってます。SNSですか。私だって知ってます。でも、うちはダメです。撮影は禁止。私も嫌ですけれど、隣で食事をしているお客さんは気持ちよくないでしょう。他の人のことを考えるのが食事のマナーです。なかには料理人なのに、他の店のカウンターで写真を撮ったりするのがいるでしょう。そういうのはダメ。料理人じゃない。一度、思ったことがある。あれは料理人じゃないね。

第七章

京味のいちばん長い日

——新年のおせち作り

支度

京味では二〇一五年の暮れまでは顧客を対象に正月のおせち料理を作っていた。年末の営業を早めに切り上げ、大みそかの深夜まで、西健一郎以下が総出でおせち作りに精を出した。京味の一大イベントがおせちの支度だったのである。

だが、それも暖簾を下ろす三年前からやめた。

家族と弟子が西の体を心配して、やめさせたのである。

二〇一一年、大震災の年の暮れ、四日間、店に通っておせち作りの現場を見た。

思い出すと、寒かった。特別に寒い年末だったこともあるけれど……。

おせち作りの間は凍える日が続いた。

当時の天気概況は次のようなものである。

「日本付近は冬型の気圧配置で、北日本は雪と風で大荒れ。都心は晴れてはいるが気温は低く、年末はもっとも寒い……」

二〇一一年十二月三十日、午後九時、大みそかの前夜のことだ。

その日のその時間ともなると、都心で働いている人間は少なかった。新橋の路地裏に人通りはなくなり、こうこうと明かりがついているのは近隣では京味ただ一軒である。

店内では西健一郎をはじめ、従業員や手伝いの料理人、合わせて三十名がおせち料理の仕上げに入っていた。

京味は毎年、十二月二十四日までしか店を開けない。クリスマスイヴの夜から通常営業は休みにして、全員でおせち作りにとりかかる。顧客向けにおせちを二〇〇組以上は用意しなくてはならない。一組のおせちを五人前と換算すると、一〇〇〇食の料理を仕上げることになる。

仕入れる材料だけでも大変なものだ。

牛蒡、筍はそれぞれ五〇〇本以上、慈姑は一〇〇〇個、海老、鮑、鱧、河豚の白子といった材料もそれに準ずる量を仕入れなくてはならない。材料を置く場所を確保するだけでもひと苦労で、しかも、買ってきた材料をそのまま重箱に詰めるわけではない。膨大な量を調理するわけだから、どうしても時間がかかってしまう。

おせち作りを勉強するため、あるいは手伝いに来る人数は日によって異なるが、大勢がやってくる。それでも全員が一週間、休まず働いて、やっと正月の食卓に間に合わせることができるのだった。

おせちを作っている間は表玄関、裏口の戸、そしてあらゆる窓を開け放って、戸外の冷気を入れる。地下から地上三階まで四つある調理場の火口を全開にすると、室温が上がり、できあがった料理が傷んでしまう。西は冷気を引き込んで、室内を冷蔵庫の庫内温度程度まで下げて仕事を進めていく。そうやって料理が傷むのを防ぐのである。世の中におせち料理を作る店はいくらもあるが、一週間の間、暖房を絶対に入れないのは京味くらいのものだ。

それもあって、ほんとに寒かった。

一日中、冷蔵庫のなかで仕事をするようなものだから、料理人たちは防寒に気を配らなければならない。セーターを二枚着て、ダウンベストを羽織った上に白衣を着る。下半身は股引《ももひき》を二枚重ねばきして、防寒用のズボンをはく。加えて、首にはマフラーを巻き、顔にはマスクをつけ、ニット帽をかぶる。西の妻、娘ふたり、女性従業員はババシャツ、ババパンツで完全防寒である。

寒さに加えて、寝不足の料理人たちは一見、怪しい防寒服姿で年末を過ごすわけだ。

京味で働いている限り、年末には休めない。クリスマスにデートはできないし、歳末セールに行くこともできない。大みそかも夜まで後片付けをしなくてはならないから、カウントダウンパーティには出られないし、紅白歌合戦を見ることもできない。クリスマスイヴから大みそか近くまで、ひたすら魚を焼き、野菜の煮しめを作り、黒豆を炊く。

おせちができあがったら、受け取りにやってきた顧客に渡して、深々とお辞儀をする。

それが京味の歳末風景である。

見本作り

三十日の午後九時半を過ぎて、調理の仕事は一段落した。一階の調理場には、できあがった五十種類の料理が並べられ、西が最終チェックをする。その後、ひとりごとを呟きながら、カウンターに置いた重箱にひとつずつ料理を詰めていった。

鮑旨煮、鱧山椒焼き、河豚白子焼き、海老芋揚げ、鴨ロース……。ひとつを詰めたら、箸を置き、重箱を上からじっと眺める。少しずつ重箱の中身が決まっていく。そうやって西が見本を完成させなければ、他の者は残りの重箱に料理を詰めていくことができない。見本が完成するのを待つだけだ。

客がおせちを取りに来るのは大みそかである。従業員たちは内心、「大将、さっさと済ませちゃいましょうよ」と思っているのだが、そんなことは到底、口にすることはできない。主人の仕事を黙って見守るしかない。

西は言った。

「私が作るおせちは食べられるものだけです。大きな伊勢海老を重箱にどーんと入れたり、イクラを詰めた柚釜《ゆがま》で場所を取ったり、切り分けただけの蒲鉾《かまぼこ》や伊達巻きを並べるようなことはしたくないんです。手作りしたものだけを入れる。それがうちのおせちです。むろん料理は味がいちばんですが、おせちは縁起物だから見栄えが悪くてもいけない。重箱に詰めるには神経を使います。おせち作りでは詰めるのがいちばん難しいんですわ」

西がカウンターに寄りかかって見本作りに時間を取られている様子を見て、京味の番頭のみっちゃん（笠井光夫）がみんなに声をかけた。

「さあ、手の空いた者から食事にするぞ」

おせちを作っている間、西と弟子たちも差し入れを食べる。まかないを作る時間も手間も調理する場所もないからだ。

一階には客からの差し入れがうずたかく積まれていた。おにぎり、サンドウィッチ、ラザニア、ビーフカレー、中華の春巻き、鶏の唐揚げ、チャーハン、焼きそば……。いずれも一流店の料理ばかりだ。だが、手を伸ばす者は多くない。連日の不眠と寒さと疲労が重なって食欲を感じなくなっているようだった。なかには食事よりも、壁に寄りかかって仮眠を取っている者もいた。

結局、その日の夕食で従業員たちにいちばん人気だったのは段ボール箱に入った栄養ドリンクだ。食事代わりにユンケルを飲み、束の間の休息を取っていた。

京味のおせち作りを支えていたのは防寒のためのダウンパーカと栄養ドリンク、そして、料理人たちの責任感だった。

二階と三階と地下の厨房では

西が見本を作っている間、四つある調理場では料理の仕上げが続いていた。「味つけが薄い」と判断された料理はもう一度、火にかけられることもあるし、詰める寸前に完成させなくてはいけない料理もある。それぞれの料理人は持ち場で奮闘を続けていた。

メインの調理場である一階で、河豚の白子、鰆の味噌漬けを焼いていたのは新橋にある割烹「笹田」主人の笹田秀信だった。京味での修業を終え、独立しているのだが、年末には必ず手伝いに来る。西が冗談を飛ばしても、疲れ切っているのか、笹田はまったく笑わない。焼き網の上の白子を見つめるばかりである。

二階の調理場では従業員のひとり、郡司智裕（現・味ひろ主人）が鰻の八幡巻きにたれをつけて焼いていた。郡司は京味に入って十三年目。そばへ行くと、彼の全身からは醤油と味醂のにおいが漂ってきた。

「ええ、もう三日間も魚を焼いてます。風呂に入っても、体から醤油と魚の脂のにおいが抜けません」

二階の調理場の奥には客用の和室がある。そこでは普段は事務の仕事をしている小林みどりが料理を詰める重箱、二〇〇セットを準備していた。西が作った見本ができあがると、和室には女性陣が集まってきて、重箱と料理を置く。流れ作業で中身を詰めていき、最後の飾りつけをし、おせちを包んでいく。みどりはわたしを見つけると、「勝たねばなりません」と宣言した。

「おせちの仕込みは毎年、戦いです。私たちは総動員態勢で戦い抜きます。死んでもおせちは全部作ります」

また、そこには顧客から預かったさまざまな形の重箱が並べてあった。京味ではいまでも客が持ち込んだ先祖代々の重箱に料理を詰めるサービスをしている。

ひとつひとつ大きさが異なるわけだから、詰めるのは難しい。担当はいちばん古くから働いている、みっちゃんだ。寒さと不眠と孤独のおせち作りである。

三階は事務室だ。そこでは女性陣が仕込みの細かい作業や重箱の包装紙などを揃えていた。

地下は焼き物、煮物の調理場である。窓がないため熱がこもるから他の階よりは少しは暖かい。わたしは「しめしめ」と地下で暖を取っていたのだが、一階からふと下りてきた西が「ここはちょっとあったかいな」と呟いた後、大声で、「冷房をかけろ」と指示して戻っていった。地下はたちまちシベリアのようになり、わたしはまた少しでも暖かいところを求めてそこから出た。

さて、おせちの仕込みはさまざまあるが、そのなかで従業員たちがもっともつらいと感じている仕事は何か？

ガスの前で魚を焼くことか。それとも野菜の仕込みをすることか。だが、訊ねてみたところ、まったく想像もしていなかった答えが返ってきた。

ほぼ全員が声を揃えて、「あれは嫌だ」と言ったのは、河豚の白子のぬめりを取ることだったのである。ぬめりを取るには塩と冷たい流水を使う。寒いさなかに冷たい水を流しっぱなしにして、ひとつひとつ素手で白子を洗う。これは確かにつらい。

ひとりがぽつりと答えた。

「いえ、ひとつやふたつならいいんです。冷たい白子を一〇〇〇個も塩でもんでいたら、指がかじかむし、感覚がなくなる。間違いなくあかぎれになります」

その晩、白子と格闘していたのは、東銀座の料理店「井雪」主人、上田真寛と弟子たちだった。上田は白子をもみ、カウンターにいた西が誰にともなく指示を飛ばすと、弟子に向かって「おい、つらいことはオレたちがやるぞ。いちばんつらい仕事は井雪がやるんだ。いいな」と命令する。

弟子は「はいっ」と答えて段ボール箱を運んだり、椅子やテーブルを動かしたりする。しかし動きは鈍い。寝不足で、うつらうつらしながら手と足を動かしている状態だ。上田の手は真っ赤にはれ上がっていたけれど、それでも丁寧に白子のぬめりを取っていた。

笹田、上田に限らず、京味で修業し、卒業していった料理人たちは、年末になると勉強のためにおせち作りを手伝いに来る。芝公園の料理店「くろぎ」の黒木純も来る。料理を教えてくれた西への恩返しであり、一年に一度の同窓会でもあるのだろう。ただし、同窓会とはいっても郷愁にひたっている時間はない。調理場で肩を寄せ合いながら、目の前の仕事を片付けていくだけだ。

完成

午後十時を過ぎた。カウンター前で、おせちの見本を詰めていた西の手が止まった。菜箸を置くと、手を上に挙げて体を伸ばし、次は高下駄を履いたまま、片足ずつ、足をぶらんぶらんと振りはじめた。彼は七十四歳（当時）である。三十歳で京味を開いてから、年末になると徹夜を重ねて、おせちを作ってきた。だが、もう彼も若くはない。体は疲れている。

そばで仕事を続けていた上田が「大将、少しでも寝てください。あとはできる限り、私らでやります」と気遣う。

手を止めて、カウンターに寄りかかっていた西はその声に頭を上げて、言い返した。

「アホな。休めるかい。もうちょっとだけや。体を動かして体操したら、眠気なんかふっ飛んでいくわ」

気が強いうえに頑固なのである。部下が働いている間、自分だけが休むなんてことは頭の片隅にもない。長年、先頭に立って働いてきたから、その習慣は変えようがない。

彼が手を止めたのは、疲れだけではなかった。重箱のなかの料理の詰め方がいまひとつ気に入らないのである。料理の出来ではない。おせち料理の詰め方がピンとこなかったので、考えこんだのである。

「おせちは詰めるのが難しい。材料は毎年、それほど変わらないのだから、去年と同じようにやればいいと家族や従業員からは言われるんです。けれど、そうはいかん。去年よりもいいものにしたい。毎年、それで悩んでいるうちに、詰めるのが進まなくなる」

実際、彼はそれから約一時間、作業を止めた。味見をしたり、部下の意見を聞いたり、一度、詰めたものを取り出したり……。従業員たちは気が気でなかった。とにかく見本ができないと、詰める時間がなくなってしまう。翌日の大みそかの午前中には受け取りに来る客がやってくるのだ。

すると……。

やっと西が動いた。「よし」と呟いた彼は、重箱からぐじの味噌漬けを取り出し、「これはやめ。これは今年のおせちに入れない」と言った。つまり、京味では決められた数以上の材料を仕入れている。調理してみて、西がこれは入れたくないと決めた品物は外してしまうのだ。客向けのおせちに入れなかったものは自分たちで食べる。

西はカウンターのなかにいた橋本尚史に声をかけた。

「橋本くん、あとひとつだけ足らないんや。あとひとつだけ決めたらできあがる。なんかこう、重箱を開けたお客さんが、ぐっとくるようなものは残ってないか。そこにあるものもういっぺん言ってみてくれ」

橋本はまだ詰めていないもので、数が揃っている料理を読み上げていく。

「車海老雲丹煮、帆立貝旨煮、銀鱈味噌漬け……」

西は納得していない様子だったが、それでも、読み上げられた料理を片っ端から口に入れた。

「このなかでは帆立かな。帆立を入れようか」とは呟いてみるものの、決めかねている。また、手が止まった。室内の空気は重くなり、誰も声を出さない。意見を言うような雰囲気ではなかった。

すると……。

「うん、こうすればいい」と呟いた西が重箱のなかに空間をつくると車海老の雲丹煮を入れた。丁寧に入れて、そして重箱を前後に揺り動かした。揺らしても、なかに入れた料理は微動だにしなかった。

「これでいい。よし、できあがり。さあ、仕事だ」

そう独り言のように言うと、「始め」の合図のように手をパンと鳴らした。

おお、と言って、全員がいっせいに立ち上がった。

そして、仕事が始まった。見本と同じものがすぐにふたつできあがり、それは他の階に運ばれていった。そうして一階でも二階でも重箱に中身を詰める作業が始まったのである。

ただし、見本を見て同じように詰めたらそれで終わりというわけではない。二階の一角にチェックポイントというか関所を設け、次女の麻里子がひとつひとつ詰め具合を検品する。麻里子は関所の番人である。チェックが厳しいから、料理人たちは戦々恐々だ。

麻里子がＯＫと言ったおせちは完成品として風呂敷に包まれるが、詰め方がきちんとしていないものは、もう一度、担当者に戻される。おせちはどれひとつとっても同じようにできあがっていなくてはならないからである。

西はカウンターの前に座り、ひと息いれた。

「つらい仕事ですわ。やらない方が楽かもしれん。でも、やめられませんわ。うちのおせちで正月を迎えたいとおっしゃってくださるお客さまにこたえたい。それに、若い人たちにはいい経験になる。今どきこんな思いをしておせちを作る店は少ないでしょう。大変だけど、やめないのは若い人たちのためなんです。うちに修業に来る人たちがいつかおせちを作る日が来る。大量の弁当の注文にこたえる日が来る。その時に、京味ではこうやっていたなと思い出してもらえればそれでいい。だから、私はやめない」

京味のおせちが他の店のそれと違っているのは、料理のできあがりだけではない。

西の仕事は他の店とはまったく違う。たとえば、彼は部屋を寒くして仕事をする。料理人に我慢を強いているのではなく、おせち作りは寒いなかでやることだと後輩たちに教えている。

また、仕事の効率だけを考えれば、おせちの勉強に来る人間を呼ばなくてもいいだろう。人が多いからといって仕事の効率が上がるわけではない。狭い店内に人が増えると邪魔になるだけだから。それでも、彼が人を頼むのは、正月の支度とは大勢が集まって作るものだと従業員たちに教えたいからだ。

昭和の時代、年末になると親戚が集まって、おせちを作っていた。親戚がやってきて、子どもが帰省してきて、それぞれが分担して、煮しめや黒豆を炊いたりした。家族や親族が交歓しながらおせちをこしらえるのが、正月の支度だった。

西は料理の作り方だけを教えているわけではない。昭和の生活の知恵を伝え、伝統の持つ意味を教えている。

そして作業は進む

午前零時を過ぎ、大みそかになった。店の人々は忙しく立ち働いていたから、私は誰にも挨拶せず、そっと店を出た。頭のなかにあったのは、おせちのことでもなければ西のことでもない。京味で働く従業員たちの未来の姿だ。

彼らはいつか独立して、自分の店を持つ。主人になり、弟子に料理を教える。

その時には西から習ったおせちを作るだろう。眠ることができないまま、西に叱られて、つらい思いをした仕事だ。しかし、本物のおせちを教えてくれたのは西だけだと思うようになる。おせち作りでいちばん得をしたのは弟子たちで、次に得をするのは弟子たちが作った京味流おせちを食べられる客だ。

西健一郎の話

京味のおせち

おせちはお正月の華やかさが必要ですけれど、飾りつけに走ってはいけないと思います。おせちは料理。そして料理は食べるものですから。

最近のおせちは夏に作って冷凍庫に保存しておくそうですけれど、うちはすべて手作りです。料理の種類は四十種類以上。せっかく仕込んでも、入らないものもあります。一段のお重に九種類を入れるのが基本ですけれど、重箱を持ち込む方のなかには五段のお重を持ってくる方もいます。ですから、四十種類はないと間に合いません。

なかに入れるのは長寿、子孫繁栄などの願いを込めた縁起ものを主体に、日持ちのする料理です。

いろいろ手間がかかるので、従業員も大変ですけれど、実は「重箱に詰める」方がはるかに難しい。私が見本をひとつ作って、あとは全員で流れ作業で詰めていくのですが、毎年、見本をこしらえるのに時間がかかってしまう。しかし、これぱかりはどうしようもないんです。

「黒豆、慈姑、海老、魚の味噌漬け……、京味さんのおせちは毎年、同じじゃないか」と言われるけれど、毎年、材料も違えば大きさも違う。できあがりの色合いも違う。やはり一から考えないと、おせちになりません。

おせち、折り詰め、弁当、すべて最後の仕上げが見栄えをよくします。たとえば、ご飯を入れるのでも、隅々までご飯の高さが一定でないときれいに見えません。おせちも全体の高さが一定になるように詰めていく。また、隣り合っている料理の色が同じになってしまうとこれもよくない。さらに、隣の味つけが染みてくるようなものも入れられません。

さまざまなことを考えて詰めていくので、ひとつを入れたら、また、出したり、また入れたりで時間がかかってしまう。

（おせちを詰めている最中、「野地さん、これ、どう思う」と聞かれたことがありました）

ああ、そうでしたね。手伝っている家族、番頭さん、従業員にも、重箱に何を詰めたらしっくりくるかを聞くことはあるんです。

でも、結局、決めるのは私で、聞いた人の意見を採用しないので、家族からは「お父さん、それなら誰にも聞かないで、自分でやって」と言われてしまう。

三十日の夜から大みそかの朝までが決戦ですよ。すべてを詰めて、朝、お客さまが受け取りにいらっしゃるのを待つ。申しわけないけれど、私は徹夜しているので、帰って寝ます。

(大みそかはどうしているのですか?)

受け渡しが終わるのが夕方で、それから年越しそばを食べます。従業員も遠くから来ている人、つまり、北海道、東北、九州出身の人から食べていって、そのまま里帰りをする。昼過ぎに出てきた私は最後まで残って、年越しそばを食べて、なんやかやと仕事をして、うちに帰るのは除夜の鐘が鳴っている頃です。

(元日にはおせちを食べるのですか?)

はい、もちろんです。食べてみて、うん、これならいいという年は何もしませんが、ちょっと火入れが足りなかったなどと気がつくと、もういけません。次の年のおせちのことを考えてしまう。気が休まりません。そうして、元日は朝から出かけます。

お世話になった裏千家大宗匠のところにおせちを携えて、新年のご挨拶をして、それから丹波の佐伯にある実家に寄ります。泊るのは京都のホテル。もう、これが何十年と続いています。みなさまに出すおせちはやめたのですが、お世話になった大宗匠にはおせちは欠かせません。阿川（弘之）先生、茂登山（長市郎）さん、長友（啓典）さんにも作っていたのですけれど。でもねえ、私より先に逝ってしまったから……。もう、作ってあげる人が年々、減っていきます。それが寂しい。

丹波佐伯のおせち

佐伯にいた子どもの頃のおせちはお重に入ってなかったね。陶器の大皿に五つくらいに料理が山盛りになっていた。一皿にごまめ、叩き牛蒡、筍煮とか三種類ずつかなあ。他にも棒鱈の炊いたもの、鱈の子の煮たもの……。母親が暮れの十二月二十八日頃から台所に立って、とんとんと、まな板の音がしていました。

お正月になると、お屠蘇《とそ》を祝って、おめでとうございますと言ってからおせちを取り皿にとって家族で食べましたね。あとはお雑煮。

暮れの三十日には、お餅つきと決まっていた。あれがいちばん楽しみだった。暗いうちから起きて、餅つきを待っていました。かまどで蒸したもち米を臼に入れて、みんなで餅をつく。田舎では結婚した、子どもが生まれたと祝い事があるたびに餅をついていたから、餅つきには慣れていたんです。でも、正月の餅は特別のものだという意識はありました。

佐伯では丸餅です。ついたものを丸めて。のし餅も作りましたよ。ただ、のし餅はおかき、揚げ餅、お菓子用でしたね。一月の十五日を過ぎるとおかき、揚げ餅を食べました。鏡割りの前から、のし餅を薄く切って干しておいたものを火鉢で焼いてお醤油をつけておかきにする。油で揚げて揚げ餅にする。ちゃんとしたお餅で作ったおかきはおいしいもんですよ、それは。

餅つきでは五色餅も作ります。白、食紅の赤、くちなしの黄色、蓬の緑、ニッキ（シナモン）の茶色。お団子も五色で作ったね。どれも焼いて食べるのだけれど、大人は醤油味だった。僕ら子どもは甘いものに飢えていたんだろうね、醤油に砂糖を溶かして、甘辛にして食べていました。

そうそう、お雑煮の話です。白味噌仕立てで、餅、頭芋《かしらいも》（八つ頭）、雑煮大根。雑煮大根というのは冬にできるやわらかい大根。これは皮つきで雑煮に入れるものなんです。肉類も入れないし、人参も入れません。餅、頭芋、雑煮大根と決まっていました。ただ、白味噌仕立てを食べるのは元日と二日だけ。

三日は南蛮雑煮を食べます。南蛮雑煮というのは輪切りの葱と餅だけのすまし仕立ての雑煮です。二日間、いろいろなものを食べて、胃が弱っているからシンプルな雑煮にしようということで始まったんじゃないですか。南蛮雑煮をたまに作って食べることがあります。今は白味噌よりも、こっちの方がおいしく感じることがある。

しがらき餅

もち米か道明寺粉（もち米を乾かしてから砕いたもの）を筒状のさらしの袋にいれて茹でた後、冷やして輪切りする。それにきな粉などをまぶしたもの。それがしがらき餅です。

家庭で作る時はもち米と普通の米を半々にしたらどうでしょう。子どもの頃、しがらき餅は屋台で売っていました。おじさんが水のなかから取り出した棒状のしがらき餅をタコ糸で輪切りにして、きな粉や黒胡麻をまぶしてくれるんです。素朴な味のおやつです。

もち米と米は洗って、ひと晩、水につけておきます。その後、蒸気の上がった蒸し器で二十分ほど蒸します。蒸しあがったら熱いうちにすり鉢に入れ、すりこぎでついて、餅にします。この時、米粒をすべてつぶさなくてもいいです。手作りですから、粒が残った感触があっていい。そうして、直径三センチくらいの棒状にしたら、濡らしたさらしできっちり包み、冷水につけておきます。そうしないと、餅が乾いて硬くなってしまうので。

あとは、上にまぶす、青のり、きな粉、黒胡麻を用意するだけ。いずれも三分の一の量の砂糖と混ぜておいてください。

棒状の餅を冷水から取り出して、厚さ三ミリくらいに切って、きな粉、黒胡麻、青のりをまぶしたらそれでできあがり。私はいまでも時々、作って食べています。

第八章

料理の本道を往く

――おいしいもんと珍しいもんは違う

西だけが持つ調理技術

「京味はおいしい」「西さんの料理は特別だ」とよく言われる。確かに、今、世界の和食店で彼以上の技術を持つ人はいない。わたしは印象や思い付きで判断しているのではない。客観的に、他の料理人ができないことを彼はやっている。

たとえば、味を調えるタイミングだ。京味のレシピを伝える本は何冊かある。もちろん、西健一郎が監修している。ただし、レシピ本には宿命がある。どうしても書くことのできない点がある。それが調味のタイミングだ。

塩を振る、砂糖を煮汁に入れる。レシピには何グラムと書いてある。しかし、量は対象の大きさ、鮮度、料理をする季節、食べる相手によって微妙に違ってくる。また、どの瞬間に塩を振るかで味は変わる。

そして調味のタイミングは素材の別や個体の量によって変わってくるから、文章にするとだらだらと長くなる。読んでもわかりにくい。動画でも伝わりにくい。

しかし、一流の料理人はすべての条件の違いを踏まえて、一瞬で調味できる。この材料なら、これくらいの塩を全体に振る、あるいはこの部分にだけ載せることがわかる。

レシピにはそこまで細かいことは書いていない。

西は何十年もの間、多くの種類の野菜、鮮魚などを調理してきているから、それができる。

調味するタイミングについて、話を聞いていた時のことだ。

「食べてみますか?」

目の前で鯛を切り、刺身をふた切れ作った。両方に塩をほんの少しずつ振った。

そして、ひとつをすぐに食べろと言った。もうひとつはやや時間をおいてから口に入れろと……。

時間をおいたと言っても一分くらいのもので、せいぜい二分だった。刺身をカウンターの客に出して、客がひと切れ目を口に運ぶくらいの時間だった。

すぐに食べた方は塩気を感じた。二番目に食べた方は甘みを感じた。大きな違いだった。二番目に口に入れた刺身は最初のそれよりも甘みを引き出してあった。

西は何も話さなかったけれど、時間が甘みを引き出す。そして、甘みを引き出すような塩の振り方を彼はしていた。

塩でも醤油でも砂糖でもいいけれど、調味料は入れてから食べるまでの時間で素材の味を変えてしまう。そのタイミングを文字や動画で伝えることは至難の業だ。京味のレシピ本を読んでも、その技を手に入れることはできない。

大精進のだし

これもある時のこと、京味で食事をしていたら、カウンターの片一方には外国人の四人組がいた。全員、ヴィーガン。つまり完全な菜食主義者だから玉子も食べられない。むろん、鰹節でとっただしの料理も食べることはできない。

西は大精進《おおしょうじん》の料理を出した。豆腐、湯葉、野菜料理である。もともと京味は野菜料理が多いので、魚介の料理をやめればそれで済むんじゃないかとわたしは思っていた。ところが、大精進の料理はただ、野菜を並べればいいわけではない。基本のだしを精進だしにしなければならないのである。

精進だしとは何か。料理の本を読むと、こんな説明が載っている。

「精進だしは昆布やわかめ、干し椎茸、干瓢、大豆、小豆などの植物を数種類、水に浸けて取っただしなので、さっぱりとした薄味で野菜の甘味を感じます。干瓢や干し椎茸の成分であるグルタミン酸やグアニル酸が旨みを出すほか、原料に使った植物の甘味成分などがだしの旨みとなります。素材の味を活かす控えめなコクと風味が特徴です」

うまみの主体は昆布と椎茸だろう。しかし、両方を入れれば椎茸が勝つ。干し椎茸のだしの味はかなり強烈だから。

西が使う精進だしはまったく違う。

「煎り米と昆布だけです。うちには外国人の菜食主義の人がいらっしゃることもありますから、その時は大精進で料理を作らなきゃ仕方ないでしょう」

昆布だしが主体で、米を煎って、風味をつける。椎茸、大豆を入れた雑多なだしでは、透明で香ばしいだしはとれない。既存の精進だしのとり方を知っている人はいるだろう。しかし西がやっている大精進のだしは本に載っているそれとは全然、違うのである。

プロでも、大精進の、おいしいだしをとることのできる料理人は何人もいない。

調理技術は圧倒的だ。しかも、引き出しが多い。こうした技術を会得して、しかも使うことのできる立場にいる。

三番目の特徴は料理の完成をどの時点に置いているか、である。料理の味のピークをどこだと考えているのかとも言いかえることができる。

一般の料理人が言う、料理の完成は皿に盛りつけた時点だ。つまり、調理が終わり、出来たてのものを皿に載せた時を完成としている。

だが、西はそうは思っていない。彼が味をピークに持っていくのは皿に載せた料理を客の前に出して、客がほれぼれと見つめて、香りをかいで、そうして、一口食べた時点だ。

客が食べた時に味のピークが来るように考えて調理をしている。それも、カウンターで食べる人と個室で食べる人とをちゃんと分けている。

「出来たてを食べてほしい」

「熱々で食べてください」

普通の料理人は言う。

しかし、舌が焼けるような温度では味の判断はつかない。熱々よりも、やや時間が経った料理の方が味を感じることができる。

西は料理を「作品」と考えたことはない。調理とは作品を作ることではなく、客のためにいちばんいい状態で提供することだ。彼はそれを理解して、客が食べた瞬間に味のピークが来るような調理をしている。

西健一郎を「当代、最高の料理人」と持ち上げる人は多いけれど、他の料理人よりどこが優れているかを具体的に指摘できる人間は少ない。

だが、わからなくても、他の店に行って、たとえば鱧の落としを食べてみれば味の違いはわかる。筍ご飯を食べても、焼き松茸を食べても違うことがわかる。それは力量が違うからとしか言いようがない。

最終章

みんな家族

――西健一郎の遺した言葉

ジョン・レノンの賀茂茄子

これは長友さんから聞いた話だ。

「オノ・ヨーコさんがね、ジョン・レノンを京味に連れてきた。そうしたら、ジョンはものすごう気に入ったらしくて、来日の折にやってきて、おしんこと賀茂茄子をがばがば食べていたらしいんや。

西さんはね、ジョン・レノンのことを知らなくて、『あんな格好で大丈夫なんか』と心配してはったようやで。あの人、ちょっと抜けてるところもあって、おもろいで」

これはほんとうにあったことだ。ジョン・レノンの好物は賀茂茄子だった。

蓼酢は鮎だけのものではない

ある日、秋元さん兄弟（康さん、伸介《のぶゆき》さん）が長友さんと私を京味に連れていってくれた。付け加えるけれど、最初に連れていってくれたのは秋元さん兄弟である。わたしはものすごく感謝している。

初夏の席だった。鮎が出る。秋元さん兄弟とわたしの前には鮎が来たけれど、長友さんには白身魚を焼いたものが出てきた。

西が言った。

「長友さん、キュウリウオの類がダメだから、鯛のカマを焼いてみました。蓼酢で召し上がってください」

長友さんは胡瓜を始めとする瓜は一切、食べない。においもかがない。瓜もズッキーニもメロンも西瓜もダメ。ついでにキュウリウオもダメ。シシャモも公魚《わかさぎ》もダメ。

「野地くん、わからんの。キュウリウオのにおいはあれは胡瓜やで」

わかりませんと答えておいた。

さて、鮎と鯛のカマと蓼酢である。わたしが鯛のカマをじっと睨んでいたら、長友さんは「少しなら食べてええよ」と分けてくれた。それを蓼酢に浸して食べたら、鮎よりもはるかにおいしかった。カマの脂と蓼酢のほろ苦い酸っぱさが調和していた。

ここぞとばかりに「西さん、料理の天才ですね」とお世辞を言ったら、にこりともせず、

「蓼酢というのは魚の余分な脂を消すんです」と呟いた。

蓼酢は鮎だけのものではない。脂のある白身魚に合わせてもいい。これも料理の本質を知っているからこそその使い方だ。料理人が百人いれば百人全員が「鮎だから蓼酢を使う。

それが常識」と思っている。しかし、彼はそうではない。蓼酢の本来の使い方を知っている。

茂登山さんと長友さんが京味について、語ったこと

「健ちゃん」

西のことをそう呼ぶことができる人はわたしが知る限り三人。その一人がサンモトヤマの茂登山さんだった。

茂登山さんは京味の常連ナンバーワンだった。京味が開店してすぐにやってきて、週に二度は通い、晩年まで、食事をしていた。わたしも茂登山さんにはずいぶん食事をご馳走になった。「マキシム」、天ぷらの「茂竹」、帝国ホテルの寿司「なか田」……。

「次は健ちゃんの店だ。野地くん、京味で好きなだけ食べていいぞ」

そう言っていたけれど、一緒に行くことはできなかった。

そんな茂登山さん、そして、京味の包装紙のデザインをした長友さんが京味の第一の特徴はこれだと語っていたことがある。

茂登山さんは言った。

「野地くん、知ってる？　健ちゃんの店のいちばんいいところ？」

わたしはなんとなくわかったけれど、わかったとは答えられなかった。

「何でしょうね、いったい?」

茂登山さんは「料理じゃないよ。料理は天下一だ。だが、料理じゃないんだ」。その時、横にいた長友さんが「野地くん、それくらいのこともわからんのか。勉強が足りん」と不機嫌な顔で言った。

ふたりが教えてくれたのは次のようなことだった。

「あんな、あそこのよさはファミリーサービスなんや(長友さんの口調)。西さんを始め、家族が一生懸命、サービスをする。みっちゃんも従業員もみんな家族やで。考えてみいな。あれだけの高級店でファミリーサービスしてくれる店はないで」

そうだ。言われてみればその通り。

京味は働いている全員が家族の店だ。

たとえば、京味の儀式、「お見送り」である。

食事が終わり、デザートが出る。「ごちそうさま」と立ち上がる。カウンターのなかに西はいない。

番頭のみっちゃん、妻、ふたりの娘と一緒に店の外に立っている。

みんなでいっせいに「ほんとにありがとうございました」と頭を下げる。下げて五秒くらいは誰も頭を上げない。なんだかんだで店の入り口で三分くらい時間を費やしてしまう。

客が迎えの車に乗り込むと、また頭を下げる。ドアが閉まったら、頭を下げて「またお越しください」と言う。車が出ていくと、また頭を下げる。

歩いて帰る場合は客が角を曲がり、姿が見えなくなるまで、手を振り続ける。角を曲がったら、頭を下げる。道路に通行人がいても、みんなで盛大に手を振る。通行人は誰か芸能人でもいるのかとあたりを見回す。

タクシーは西がつかまえに行く。膝の状態がよかった頃は自転車に乗って二〇メートルくらい先にある大通りまでタクシーをひろいに行った。

「車に引かれるのではないか」と思うくらい、道路の真ん中に仁王立ちしてタクシーをつかまえる。ただし、個人タクシーがそばに寄ってくると、見送る。

「個人タクシーは接客がいまひとつ物足りない」からだ。

そうして、タクシーをつかまえて、客が乗りこむ頃には、西が乗る自転車を追ってきた家族とみっちゃんが、ひたひたと迫ってくる。家族が大通りまでやってくると、一列に並んでみんなで手を振る。客はほんとうに、照れくさい。照れくさいけれど、でも、彼らの気持ちはぐっとくる。胸がいっぱいになる。タクシーに乗ってから涙を流す高齢の客もいないわけではない。

西の口癖

西の口癖は「今度、しがらき餅作ってあげる」「今度はずいきのお寿司握ってあげる」

「今度は太巻き巻いてあげる」……。

作ってくれると言われても、だからといってそれを食べるためだけに京味に行くわけにはいかない。たとえ、作ってもらえなくとも、ありがたい気持ちになる。

彼は食べることも好きだ。だが食べる喜びより、それよりも作る喜びの方が大きいようだ。

彼はこんなことを言っている。

「日々のおかずの基本は鉢物だと思います。お鉢に入っているものを好きなだけ取って、好きなだけ食べる。お鉢のものを食べながら会話をする。会話も弾みます。

毎日食べるものを作る時は自分の体に聞くこと。疲れていたら、よし、精力をつけようと、とろろを食べる。肉でもかまいません。鰻でもいいでしょう。自分が食べたいものを食べる。ただ、疲れている時、今の私は肉よりもむしろ野菜の方が体を元気にしてくれると思います。もしくは好物を食べる。私はかやくご飯が好きだから、疲れていたら、それが食べたくなる。粕汁、豚汁、鶏雑炊もいい。

ご飯を食べて体の調子をよくするのがいちばんです。自然の力で体を治す。料理にはそういう力があります。

今は自分で作らなくとも、外のお店に行けばおいしいものはいつでも食べられます。何でもあります。外で食べれば買い物も調理の手間も要りません。後片付けもしなくていい。

疲れていたら、外食してもいい。

でも、料理は食べる喜びだけではありません。自分が作ったものを家族が食べてくれる。お客さまが食べてくれる。おいしいと言ってくださる。料理人の喜びとはそういうものです。それが料理人の幸せです。料理人になってよかったと思うのはそういう時なんです。私は料理を作る喜びを知って、ほんとうによかったと神様に感謝しています」

最後の最後に体が温まるレシピ三つ

京味のレシピ本を見ても、その通りにはできない。それは味を調えるために入れる調味料のタイミングが書いてないから。ただし、なかには調味料を入れるタイミングがほぼ関係ない料理がある。

それが鍋ものであり、味噌汁であり、炊き込みご飯だ。

ここに載せる料理レシピは粕汁、豚汁、鶏鍋。この三つは順番さえ間違わなければおいしいものができる。

また、これまでに載せたレシピにも細かい分量は書かなかった。それは材料、調味料の分量はあくまで参考だからだ。作る時、分量がまったく見当もつかなかったら、料理サイトを見たり、京味のレシピ本を見てください。ただし、ほんとうの料理のポイントは分量ではない。タイミングと蟹チャーハンの項で述べたような実践的な知恵だ。

そして、少しでも京味の味に近いものを作りたいと思ったら、それはやはり弟子の店を訪れて、カウンターでどういうタイミングで調味しているのかを見てくることだ。一度、見ればなんとなくわかった気になる。

最後の最後に言うけれど、レシピ本、レシピサイトを見たら、繰り返し作ってみること。そうして、材料の分量、調味料の分量を決める。味つけは食べる人によって変えるのが当たり前のことだ。

何度も作って分量は自分の舌、家族の舌に合うように変える。

もうひとつだけ気づいたことがある。この本を書くのに、煮物と和え物を中心に何度も料理を作った。気がついたことは京味の料理は酒と味醂を多用しないところにある。甘みは砂糖、それも白砂糖でつける。黒砂糖は雑味があると西は言っていた。また、酒は使いすぎると苦くなる。子どもがいる家庭では調味料として日本酒やワインは使わない方がいいとも言っていた。

粕汁

冬の思い出の味は粕汁。搾りたての酒粕で二月の初めに作る。酒粕は上等なものでなく、「板粕」あるいは「踏み込み粕」という薄っぺらな板状になったものを使っていた。

……粕汁は上等な酒粕じゃダメなんです。上等の酒粕には、まだアルコール分がたくさん残っているから、できあがりが酒くさくなる。

粕汁の具はたくさん入れます。具のひとつはだしが出るものにする。私なら鰤ですね。鰤のあらと身に塩をして、ひと晩置いておく。次の日、ちょっとお湯のなかにくぐらせた後、脂身、血合いのようなくさみの出るところを水で流しながら取っていく。ほかには、お揚げ。これは絶対に入れます。それから、こんにゃく、大根、人参。こんにゃくは千切り、野菜は短冊切りに。どれも下ゆでしておく。

酒粕は蒸して裏漉しをした後、だし汁を火にかけたもののなかで溶かします。鍋は土鍋がいいでしょう。味つけは醤油で。土鍋が沸いてきたら、鰤、こんにゃく、大根、人参を入れて、食べる直前に芹《せり》の小口切りを散らす。

店では塗りのお椀に入れて、冬の食事の最初に出していますが、家庭のおかずとして粕汁を食べる時は大きめのお椀がいいでしょう。鰤のあらも、お椀に入れて、骨についた身をせせりながら、汁を飲む。うちの母親が作った粕汁は、それはうまかった。近所で酒を造っている蔵があって、そこから板粕をもらうんです。

「板粕があるから粕汁に」といった具合でした。佐伯の冬は寒い。粕汁が温めてくれました。加えて、母親の愛情がありましたから、戦争も、敗戦直後の物のない時期も乗り越えることができたのです。

それにしても、あの頃の野菜はほんとにおいしかった。「丹波のつるべ落とし」という言葉があるのですが、丹波の隣の佐伯でも昼の間は暖かくても、陽がさーっと陰ったあとは途端に寒くなる。昼と夜の温度差が激しいためか、野菜は甘みを増します。白菜なんか、ほんとうに甘い。何でも甘い。甘い野菜を食べて育ったんです。

豚汁

……豚肉、牛蒡、人参、里芋、油揚げ。私はこれくらいでいいと思います。

鍋に胡麻油をひき、豚肉、何でもいいです。バラでも肩肉でも。豚肉に火を通します。牛蒡はささがき、人参は短冊切り、里芋は一口大に切ります。豚肉の入った鍋に牛蒡、人参、里芋を入れてある程度やわらかくなるまで炒めます。そこに水を入れ、細かく切った油揚げを加えて、ひと煮立ちさせます。だしを使わなくていいです。豚肉と野菜からいいおだしが出ますから。

煮立ったら、五分くらいしてから味噌を溶いて入れる。それでおしまい。お椀によそったら、上に長葱の千切りを載せてください。七味でも振って、ふうふう言いながら白いご飯と食べると最高です。

鶏鍋

……私の鶏鍋は鶏の水炊きとはちょっと違います。土鍋でお粥を作り、そこに鶏肉を入れて炊いていくのです。ご飯を食べなくとも、スープに麺を入れなくとも、これだけでお腹いっぱいになるお鍋です。

鍋に冷やご飯と水を入れて火にかけてください。どうでしょう。お茶碗二杯分でしたら、水は一五〇〇ccといったところでしょうか。

沸騰したら、弱火にしてそのままお粥になるまで煮る。水を足しながら三十分ほど火を入れるとお粥ができます。そうしたら、一度、漉して、おも湯を作り、おも湯だけを鍋に戻します。そこに鶏のもも肉を入れ、火が通るまで煮ていく。

あくが出ないようにするためには一度、鶏のもも肉をさっと茹でておくといいでしょう。おも湯のなかで鶏肉を炊くとすぐにやわらかくなります。身が崩れる前にポン酢で食べるといい。

あとがき――おいしさに出る涙

あの時、西健一郎は顔色を変えた。

「いい料理人になるには？　勉強することの他に何かあるんですか？　食べ歩きしたら、料理が上手になるんですか？」

言い過ぎだと思ったのか、照れた顔になった西さんは「先生、教えてあげるわ」と呟いた。

「常連のお客さんが残すようになったら、腕が落ちてる証拠や。材料が悪いのかもしれん。料理に飽きてるのかもしれん。常連さんが教えてくれる。常連さんが料理を残すようになったらしまいや。長年、来てくださっている方が食べられる料理を作る。そのために勉強すること、私は外食が悪いとは思ってません。新しい素材を使うのもいい。でも、いちばんはお客さんに聞くことです。私は人の話を聞かんと思っておられる方もいますが、それは違う。いつもお客さんに食べた感想を聞いて、夜中にそれをメモして、メモを読んで料理してます。私の書いたメモ、見てみますか？　うちにある提灯の方たち、あの方たちは私の料理の先生なんです」

亡くなる前の彼とわたしの最後の会話だった。


わたしは自分ひとりで本を書いたという幻想を持ったことはありません。

ひとりが努力して本ができるわけでもありません。

話をしてくれた方たち、本を作ってくれた編集者のみなさんと一緒に作ってきたものです。みなさん、ありがとうございました。感謝しています。

取材に協力していただいた方々
みなさん、敬称を略させていただきます。すみません。
西弘子、西真紀子、西麻里子、
秋元伸介、秋元康、井上享俊、上田真寛、小川晴行、笠井光夫、金森雄希、熊谷誠、黒木純、郡司智裕、笹田秀信、高橋治之、原田啓二、星野芳明、密山根成、矢野清城

編集してくださった方々
町田成一、小林茂、齋藤彰、星野貴彦、内藤慧、加藤ゆかり、千美朝

阿川佐和子さま、素晴らしい帯の言葉に泣きました。ありがとう。

天才ですね、装丁家の鈴木成一さん。アシスタントの宮本亜由美さんもありがとうございました。

写真家の牧田健太郎さん、おいしい写真をありがとう。

そして、一緒に食事をしたけれど、亡くなってしまった茂登山長市郎さん、長友啓典さん、長谷川浩さん、ありがとうございました。

西健一郎さん、感謝しています。いつまでも。

二〇二一年七月　野地秩嘉

本書は「ＢＲＩＯ」（光文社）、「dancyu」（プレジデント社）、「本の窓」（小学館）での連載を大幅に改稿、加筆修正し、単行本化したものです。

野地秩嘉 のじ・つねよし

ノンフィクション作家。一九五七年、東京生まれ。早稲田大学商学部卒。出版社勤務などを経て現職。人物ルポルタージュ、ビジネス、食、芸術、海外文化など幅広い分野で執筆。著書は『キャンティ物語』（幻冬舎）、『ビートルズを呼んだ男』（小学館）、『トヨタ物語』（日経ＢＰ社）、『新ＴＯＫＹＯオリンピック・パラリンピック物語』（ＫＡＤＯＫＡＷＡ）、『あなたの心に火をつける超一流たちの「決断の瞬間」ストーリー』（ワニブックスＰＬＵＳ新書）など多数。『ＴＯＫＹＯオリンピック物語』（小学館）でミズノスポーツライター賞優秀賞を受賞。

京《きょう》味《あじ》物《もの》語《がたり》

二〇二一年七月三〇日　初版第一刷発行
二〇二一年一一月二五日　第二刷発行

著者　野《の》地《じ》秩《つね》嘉《よし》
発行者　田邉浩司
発行所　株式会社 光文社
〒一一二-八〇一一 東京都文京区音羽一-一六-六
編集部 〇三-五三九五-八一七二
書籍販売部 〇三-五三九五-八一一六
業務部 〇三-五三九五-八一二五
メール non@kobunsha.com
落丁本・乱丁本は業務部へご連絡くだされば、お取り替えいたします。

組版・印刷所　萩原印刷
製本所　ナショナル製本

ISBN978-4-334-95257-0